サバイバル組織術

佐藤 優

文春新書

1223

サバイバル組織術◎**目次**

第一章　いかに組織を生き抜くか

サバイバルは読解力で決まる

現代社会を生き抜くために、「組織と個人」の関係は避けては通れないテーマです。多くのビジネスパーソンにとっては、まずは「会社と自分」ということになります。国家や社会、さらには家庭すらも、ある種の「組織」として、私たちの前に立ちはだかってきます。

「組織」は、時に私たち「個人」に理不尽な仕打ちを行ないます。なぜなら、組織の目的は、基本的には組織自体の維持・存続であって、そのためには組織の一部分に過ぎない個人を犠牲にすることは「合理的な判断」とされるからです。「組織にとって、いかなる個人も入れ替え可能である」、これが組織と個人を考えるうえでの大原則です。そのなかでいかにサバイバルするかが、本書のテーマです。

本書では、日本の小説やテレビドラマのシナリオなどをテキストにして、そうした危機的な局面をみていきたいと思います。なぜ組織内でのサバイバルを考えるこの本で、文学作品を取り上げるのか？

それは組織に関わる問題の多くは、マニュアル化できないものだからです。論理では説明しきれない様々な要素が入っている。こうした問題に対応するには、アナロジカル（類比的）に考えるしかありません。過去に似たようなケースはないか、そこから学べる教訓はないかを探すという方法です。私たちはよく「歴史に学ぶ」と言いますが、それはこのアナロジカルな思考法を使って、解決策を探索しているわけです。

しかし、歴史はまだ現実に近すぎます。情報量が多すぎるのです。実際に起きたことから教訓を抽出するには、膨大な情報処理と分析を必要とします。

それに対して、すぐれた文学作品は、作家の直観力によって、現実がまとっている余分な枝葉が取り払われているために、「組織と個人」の本質的な姿が浮き彫りにされていま す。なおかつ凡百のビジネス書で描かれる組織論よりも、リアルで実践的です。小説などを読むことで、私たちは、登場人物が遭遇するさまざまな危機、そこから得られる教訓を追体験し、予行演習することができます。たとえば後に取り上げる『真空地帯』のように、戦時下の内務班でのいじめなどを実体験するのは不可能ですし、体験したいとも思わないでしょう。『不毛地帯』の主人公のように、疑獄事件に巻き込まれ検察の追及を受けるのも、できれば避けたい事態です（私は似たような体験をしていますが）。ある意味で、極限体験のシミュレーション装置として、文学作品は非常に有効なのです。すなわち、読解力こそサバイバルの基礎能力といえるでしょう。

さまざまなテキストに描かれた組織と個人の問題を読み解きながら、危機はどんなところからやってくるか、どのようにしのいだらいいのかを考察していきたいと思います。

漱石が描いた「組織に調和できない個人」

そこで第一章のテキストに選んだのは、夏目漱石の『坊っちゃん』と『門』です。これらの漱石作品を組織論のテキストとして使うことは、これまでほとんどなかったと思います。

しかし、漱石作品の多くの主人公たちは、ある共通する性格を持っています。それは「組織に調和できない人間」という点です。これは漱石の個人的な性格の反映というだけではなく、時代の状況と密接に関わっていると考えられます。

漱石は日本人が近代社会というものに、はじめて本格的に直面した時代を生きました。そのため、「個人」ということを真剣に考えざるを得なかったのです。

近代以前の日本は、基本的にはムラ社会、身分社会と表現される共同体をベースにした社会だったと考えることができます。そこで武士なら藩、農民ならムラのありかたが、そのまま倫理となり、生活原理となります（ただし、後に『忠臣蔵』の章で扱うように、そこにも複合アイデンティティの問題は存在します）。共同体の求める倫理から逸脱する存在はいたでしょうが、それは近代的な意味での「個人と組織」とは違います。ムラは一方的にオキテを押し付ける。ヒトはそれに従うか、反発して共同体からいなくなるかしかありません。

それに対して、近代的個人は、社会から自立し、自分のことは自分で決めていい、決めるべきだとされます。と同時に、近代社会＝組織の原理を内面化しなくてはならないのです。

近代以前の世界では、単に従うか従わないか、という外面だけが問題とされました。それに対して、近代では、外からはわからない内面が問題にされます。心から従っているのか、いやいや服従しているのか、内心では掟を受け入れながらも反発しているのか、といったさまざまな状態が生まれ、問題はずっと複雑になります。漱石はこの問題を追究した作家でもあるのです。

これは翻訳の問題とも深く関わっています。漱石や森鷗外は「翻訳」ということを真剣に考えた作家でした。

明治の開国と文明開化によって、日本は欧米文化の洗礼を浴びました。他国の言葉を日本語に置き換え、その文明のあり方を理解していくのですが、これは単なる知識の輸入、蓄積にとどまりません。それはことばを通じて、相手国の論理を内面化させる作業でもあったからです。これは非常に辛い作業でもあります。そのために漱石はロンドンで「発狂したのではないか」と疑われるほどの苦悩を味わいました。

この「翻訳」という作業は、組織と個人の間でも行なわれます。組織に属する人間は、組織の論理を翻訳して、自分の中に内在化させ、共通理解を作り上げることが求められます。かつての企業で社訓や社是を暗唱したり、みんなで社歌を歌ったりしたのは、そうした翻訳作業の象徴でした。漱石にとって西欧文明を翻訳することが巨大なストレスだったように、組織の論理を内在化させることも、個人にとって大きなストレスなのです。

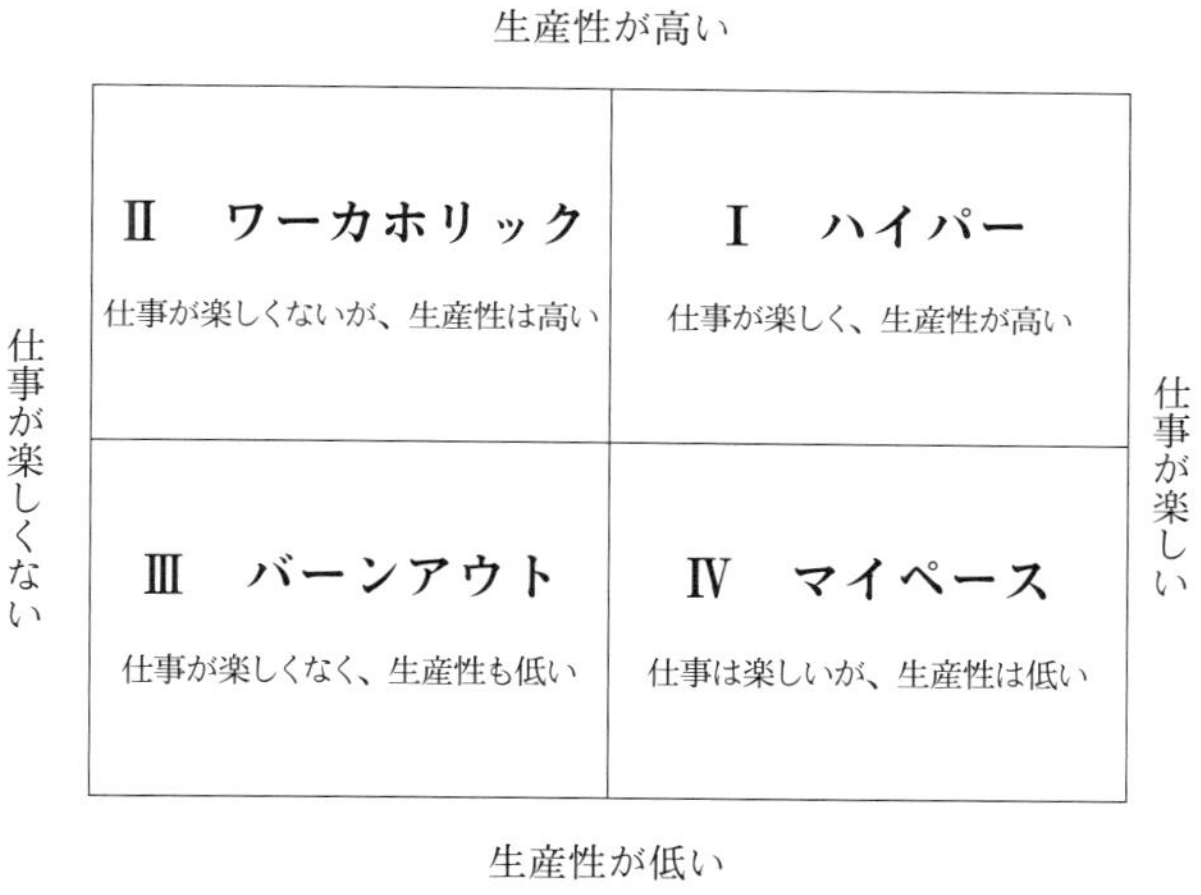

図　組織の中の個人

マトリクス図でみる「組織の中の個人」

ここで上の図を見てください。組織における個人のありかたをマトリクス図で示したものです。

組織に所属する人は、図で示した四つの象限のどこかに含まれます。縦軸は、生産性が高いか低いか。横軸は、仕事が楽しいか楽しくないかを表します。

Ｉは仕事が楽しく、生産性が高い人〈ハイパー〉です。仕事術を扱ったビジネス書や自己啓発セミナーなどで、最も望ましく目標とすべき人間像として提示されています。

それに対して、Ⅱは〈ワーカホリック〉です。生産性は高いが、仕事は楽しくない。いわゆる仕事中毒ですが、社内では重宝されます。

Ⅲは〈バーンアウト〉。燃え尽き型、すなわち仕事が楽しくなく、生産性も低い人たちです。この〈バーンアウト〉状態が続くと、組織にとどまること自体ができなくなり、〈ドロップアウト〉を余儀なくされるケースも生じます。

最後のⅣが〈マイペース〉。生産性は低いが、仕事は楽しいといった類型です。

このなかで組織と完全に調和しているといえるのは、Ⅰの〈ハイパー〉だけですが、こんな人はごくわずかです。健康や能力、ある種の運に恵まれ、なおかつメンタルが強い人しか、このカテゴリーには入れません。もっと正確に言えば、こうした組織と完全に調和する人間は、現実には存在しない、あくまでも理論的な存在に過ぎないと考えた方がいいでしょう。

なぜなら、この図の「組織の中の個人」は固定的なものではなく、流動的なモデルだからです。自分では〈ハイパー〉に属していると思っていても、働きづくめでストレスがたまってくるとⅡの〈ワーカホリック〉に移行します。さらに無理を重ねて働くことで生産性も落ちてくれば、さらにⅢの〈バーンアウト〉となってしまう。ⅠからⅢに一気に動くこともあるでしょう。

しばしば組織はⅢの〈バーンアウト〉を戦力外だとみなして、排除しようと試みます。いわゆるリストラですが、これはあまりうまくいきません。その組織のあり方や置かれた状況が変わらなければ、他の象限からⅢへ移動してくるだけだからです。

またひとりの社員のなかにもこのⅠからⅣの要素は、多くの場合、混在し、局面ごとに変化しています。特定の分野にだけ〈ハイパー〉だったり、自分の仕事はこなすのに部下の人事管理面では〈バーンアウト〉状態だったり、相手によって使い分けたりなどさまざまな状態が考えられるでしょう。

このモデルは、組織のなかの自分の位置取りを考えるときにとても役に立ちます。まず自分がⅠの〈ハイパー〉に属していると考えている人は、「組織にとって、いかなる個人も入れ替え可能である」という大原則を思い出してください。サバイバルにおいて重要なのは、現実にはほぼありえないⅠを目指すことではなく、Ⅲの〈バーンアウト〉に陥らないことです。そのために、日々のチェックが必要なのです。

この四象限のうち、「組織を生き抜く」という観点からすると、最も望ましいのは、実はⅣの〈マイペース〉です。しかし、これは容易なことではありません。〈マイペース〉

を貫くには貯金なり特別なスキルなりの「資産」が必要なのです。たとえばマンガ『釣りバカ日誌』の主人公、ハマちゃんは仕事よりも趣味の釣りを優先する、まさに〈マイペース〉社員ですが、彼には高い釣りのスキルがあり、さらには社長であるスーさんとの強力なコネといった恵まれた「資産」があるのです。また作品を読んでいくと、スーさんはなかなか人を信頼しない狷介な性格でもあります。そのスーさんの懐に入っていけるハマちゃんは、非常に高いコミュニケーション能力も備えている。それが彼の〈マイペース〉を支えているのです。

この図をみると、なぜ漱石が現代でも多くの読者をひきつけるかもわかります。つまりⅡからⅣまでの圧倒的な大多数は、「組織と調和できない人間」なのです。文学者のなかには、たとえば芸術や恋愛や信仰など、組織の論理とは別の価値基準を提示するという解決策を見出すパターンも少なくありません。しかし、漱石はそうした安易な解決を選ばず、組織＝近代社会から逃げられない人間を描いてきたといえます。だから、いまも読まれているのです。

「坊っちゃん」＝漱石ではない？

では、漱石は組織と個人をどのように描いてきたのか。まずは『坊っちゃん』からみていきましょう。

親譲りの無鉄砲で小供の時から損ばかりしている。小学校にいる時分学校の二階から飛び降りて一週間ほど腰を抜かした事がある。なぜそんな無闇をしたと聞く人があるかも知れぬ。別段深い理由でもない。新築の二階から首を出していたら、同級生の一人が冗談に、いくら威張っても、そこから飛び降りる事は出来まい。弱虫やーい。と囃したからである。小使に負ぶさって帰って来た時、おやじが大きな眼をして二階位から飛び降りて腰を抜かす奴があるかといったから、この次は抜かさずに飛んで見せますと答えた。

親類のものから西洋製のナイフを貰って奇麗な刃を日に翳して、友達に見せていたら、一人が光る事は光るが切れそうもないといった。切れぬ事があるか、何でも切って見せ

ると受け合った。そんなら君の指を切って見ろと注文したから、何だ指位この通りだと右の手の親指の甲をはすに切り込んだ。幸ナイフが小さいのと、親指の骨が堅かったので、今だに親指は手に付いている。しかし創痕《きずあと》は死ぬまで消えぬ。

冒頭の有名な一節です。語り手であり、主人公である「坊っちゃん」は、作中で一度もその名前が出てきません。そのため、彼の視点、価値観を読者も共有するかたちになりますが、一歩引いてみるならば、直情径行というか、思慮の深くない人物であることもうかがえます。

漱石自身が松山中学に英語教師として赴任していることから、坊っちゃんと漱石を重ねて読む人も少なくないでしょう。主人公に名前をつけないことは、坊っちゃん＝作者である漱石という強い連想を働かせる効果も生んでいます。これはもちろん漱石の意図したものです。しかし、これは実像とは大きく異なります。

どこの学校へ這入《はい》ろうと考えたが、学問は生来《しょうらい》どれもこれも好きでない。ことに語学とか文学とかいうものは真平御免だ。（略）どうせ嫌《きらい》なものなら何をやっても同じ事だ

と思ったが、幸い物理学校の前を通り掛《かか》ったら生徒募集の広告が出ていたから、何も縁だと思って規則書をもらってすぐ入学の手続をしてしまった。今考えるとこれも親譲りの無鉄砲から起った失策だ。

三年間まあ人並に勉強はしたが別段たちのいい方でもないから、席順はいつでも下から勘定する方が便利であった。しかし不思議なもので、三年立ったらとうとう卒業してしまった。自分でも可笑《おか》しいと思ったが苦情をいう訳もないから大人しく卒業して置いた。

坊っちゃんが卒業した東京物理学校は、現在の東京理科大学の前身にあたり、当時、唯一の私立の理科専門学校で、無試験で入れるかわりに進級、卒業はなかなか難しいという学校でした。中堅の技師を養成するための学校で、中等学校の教師も多く輩出していました。

一方、漱石は大学予備門に入り、腹膜炎を患って留年した後は、卒業まで首席を通したとされています。そして帝国大学に進み、卒業後、高等師範学校の英語教師となりますが、辞職し、一八九五年、二十八歳で赴任したのが松山中学でした。翌年には熊本の第五高等学校の講師、教授となり、一九〇〇年には英国留学。帰国後、第一高等学校と東京帝国大学文科大学の講師を兼任します。『坊っちゃん』を発表したのはこの講師時代で、一九〇六年のことでした。

いわば坊っちゃんは中層のテクノクラートであり、漱石自身は明治の国家教育の最高峰である帝大で教鞭をとるトップエリートとなるわけです。つまり、坊っちゃん＝漱石というイメージは間違いなのです。

その意味では、漱石の実像と最も近いのは、この小説の悪役ともいえる教頭の赤シャツです。赤シャツは漱石と同じ帝大出身の文学士です。作中で、坊っちゃんの月給は四十円とされていますが、実際に漱石が得ていた月給は八十円でした。当時の松山中学の校長〈高等師範出身〉は六十円、教頭〈帝大出身〉は八十円です。当時、帝大出身という学歴には、それだけの価値があったのです。その学校内での身分制は、『坊っちゃん』にはこう書かれています。

学校には宿直があって、職員が代る代るこれをつとめる。但《ただ》し狸と赤シャツは例外である。何でこの両人が当然の義務を免《まぬ》かれるのかと聞いて見たら、奏任待遇だからとい

う。面白くもない。月給は沢山とる、時間は少ない、それで宿直を逃がれるなんて不公平があるものか。勝手な規則をこしらえて、それが当り前だというような顔をしている。よくまああんなにずうずうしく出来るものだ。これについては大分不平であるが、山嵐の説によると、いくら一人で不平を並べたって通るものじゃないそうだ。一人だって二人だって正しい事なら通りそうなものだ。

奏任官というのは、現在のキャリア官僚の一種です。課長補佐の下くらいでしょうか。戦前においては、天皇から直接辞令を受ける親任官が一番格上の高級官僚でした。このクラスが一番多いのが外務省で、大使は全員、天皇から辞令を受けるからです。その次に多いのが、検察庁。いまでも外務省と検察庁が霞が関で一種独特の地位を持っているのは、こうした天皇との距離感が受け継がれているからでしょう。

親任官の下が勅任官で、さらにその下が奏任官です。校長の狸と教頭の赤シャツは「奏任待遇」とありますから、奏任官ではないけれども同等にみなすという意味です。その下の判任官が、各省庁が雇うノンキャリアの職員です。漱石は嘱託教員という肩書きでしたが、報酬は校長、教頭とも劣らないものでした。

作中で、赤シャツは表裏のある陰謀家として描かれています。それと対立しているのが数学教師の山嵐です。赤シャツは坊っちゃんを釣りに誘い、山嵐との離間工作を行ないます。

「僕の前任者が、誰に乗ぜられたんです」

「だれと指すと、その人の名誉に関係するからいえない。また判然と証拠のない事だからいうとこっちの落度になる。とにかく、折角《せっかく》君が来たもんだから、ここで失敗しちゃ僕らも君を呼んだ甲斐がない。どうか気を付けてくれ玉《たま》え」

「気をつけろったって、これより気のつけようはありません。わるい事をしなけりゃ好いんでしょう」

赤シャツはホホホホと笑った。別段おれは笑われるような事をいった覚《おぼえ》はない。今日ただ今に至るまでこれでいいと堅く信じている。考えて見ると世間の大部分の人はわるくなる事を奨励しているように思う。わるくならなければ社会に成功はしないものと信じているらしい。たまに正直な純粋な人を見ると、坊っちゃんだの小僧だのと難癖をつけて軽蔑する。それじゃ小学校や中学校で嘘をつくな、正直にしろと倫理の先生が教え

ない方がいい。いっそ思い切って学校で嘘をつく法とか、人を信じない術とか、人を乗せる策を教授する方が、世のためにも当人のためにもなるだろう。赤シャツがホホホホと笑ったのは、おれの単純なのを笑ったのだ。単純や真率《しんそつ》が笑われる世の中じゃ仕様がない。清はこんな時に決して笑った事はない。大いに感心して聞いたもんだ。清の方が赤シャツよりよっぽど上等だ。

名前を明かさずに「名誉」「証拠」といったことばを用いながら、ネガティブなイメージを植えつけるとともに、責任回避をはかる。赤シャツのインテリらしい戦略です。

作中にはこんなくだりもあります。ゴルキという魚が釣れ、赤シャツが「ゴルキというとロシアの文学者見《み》たような名だね」という。ゴルキとは小説『母』や戯曲『どん底』などで知られるゴーリキーのことですが、坊っちゃんは「おれのような数学の教師にゴルキだか車力《しやりき》だか見当がつくものか、少しは遠慮するがいい」と内語します。

ここで面白いのは、ゴルキという魚からロシア文学者を連想したのは、当然、文学士である漱石自身だということです。それをあえて文学にうとい数学教師に、気取り過ぎだと批判させている。ある意味では自虐的な笑いなのです。

なぜ漱石はそんな操作を行なったのでしょうか。漱石は明治国家のれっきとしたエリートです。しかし、そうした自分の役割に強い違和感を覚えていました。いわば〈ワーカホリック〉から〈バーンアウト〉状態を行き来していたわけです。そこで坊っちゃんという、自分とは別の人格（アバター）を作り出すことで、エリート批判や「組織と調和できない自分」を表現したのではないでしょうか。

偶然のエリート

それには、明治国家における漱石の独特の立ち位置も影響していたと思われます。京都大学名誉教授で、現在は関西大学東京センター長をしている竹内洋さんに、『教養派知識人の運命　阿部次郎とその時代』（筑摩書房）という著書があります。この阿部次郎という人は、漱石門下の一人で『三太郎の日記』というベストセラーを書き、いわゆる大正教養主義の中心的な存在でした。余談ですが、のちに阿部は、やはり漱石門下の哲学者、和辻哲郎の奥さんに横恋慕したという話が大変なスキャンダルになって、論壇での影響力を失っていきます。

さて、この本のなかで竹内さんが指摘しているのは、漱石が「偶然のエリート」だったということです。どういうことか。一八八四年、漱石が大学予備門に入った頃の東京大学には、まだ今の法学部や工学部はありませんでした。一八八五年に司法省の法学校を、翌八六年に工部大学校を統合し、帝国大学となるのです。この東京大学と帝国大学では、大きな違いがあったと竹内さんは論じています。

明治十九年に大きな学制改革がおこなわれる。初代文部大臣森有礼が当時有力なテクノクラート養成学校だった司法省の法学校や工部省の工部大学校などを東京大学（明治十〔一八七七〕年設立）に吸収し、法医工文理の五分科大学をもつ総合大学にしたことによる。これが帝国大学である。帝国大学はのちに東京帝国大学となるが、それは明治三十年に京都に第二の帝国大学ができたことにより、それぞれが東京帝国大学、京都帝国大学となったからである。明治十九年にできた帝国大学に戻ると、ならば、明治十年にできた東京大学と帝国大学は大きく変わるところはないだろう、と思うかもしれない。しかし、初代東京大学と帝国大学には平民と貴族ほどの違いがあった。

というのは、工部省や内務省、司法省などの現業官庁はそれぞれ独自の学校をもって

いた。さきほどふれた司法省の法学校、工部省の工部大学校のほかに開拓使の札幌農学校や内務省勧業局直轄の駒場農学校などがこうした学校だった。省庁付属学校が乱立したのは、各省が早急に自前で法律家や技師などの人材を育成しなければならなかったからだ。

エリート校のあり方には「富士山型」と「八ヶ岳型」があります。東京大学を頂点にしたヒエラルキーが「富士山型」。ハーバード大学やイェール大学を擁するアメリカのアイビー・リーグのように、複数の大学が並び立つのが「八ヶ岳型」です。明治の半ばまでの日本の高等教育システムはこの「八ヶ岳型」でした。

大学予備門・東京大学、そして省庁附属学校が乱立した時代は、「八ヶ岳型」の高等教育の時代だった。いや、就職面からみれば、東京大学は、医学部を除いて他の高等教育機関より不利な位置を占めていたとさえ言える。有力な省庁がそれぞれに人材育成機関をもっており、東京大学は研究・教育職をふくめて文部省の役人や教師になるルートが主だったからである。（略）

この学制改革が夏目漱石の大学予備門時代におきた。大学予備門は明治十年にできた東京大学への進学のための予備学校である。この「大学予備門」が第一高等中学校に改組された。かくて漱石の入学は東京大学予備門だったが、卒業は帝国大学進学の予科である「第一高等中学校」になり、「東京大学」ではなく「帝国大学文科大学」に進学することになる。

大学予備門の前身は、東京英語学校です。その名の通り、大学に進む生徒を対象にした語学の学校で、入るのもそれほど難しくはありませんでした。それが学校機構改革の結果、帝国大学という超エリートが集まる学校と直結するコースに変わってしまいます。いわば棚からぼた餅式に、漱石はイギリスへ留学することもできたのです。こうした事情が、漱石のエリートへの複雑な距離感に反映している、と読むこともできます。

抜け道は「転職」と「家族」

また『坊っちゃん』の世界に戻りましょう。山嵐と坊っちゃんは、英語教師うらなりの転勤を策動し、彼の婚約者マドンナを奪おうとしている赤シャツに憤り、彼が芸者と旅館で密会した機会を捉えて、鉄拳制裁を加えます。坊っちゃんらしい真率な正義感の発露として、読者の溜飲を下げる場面ですが、もしも警察に訴えられたら、そのまま逮捕されても仕方のない暴力行為でもあります。マドンナの件にせよ、芸者との密会にせよ、坊っちゃんと山嵐は確証を握っているわけでもありません。そして、二人は赤シャツにこう捨てぜりふを残して去っていきます。

「おれは逃げも隠れもせん。今夜五時までは浜の港屋にいる。用があるなら巡査なりなんなり、よこせ」と山嵐がいうから、おれも「おれも逃げも隠れもしないぞ。堀田と同じ所に待ってるから警察へ訴えたければ、勝手に訴えろ」といって、二人してすたすたあるき出した。

ここで見過ごしてはならないのは、坊っちゃんには全く主体性というものがないことです。山嵐に付和雷同して暴力行為に参加し、啖呵まで口真似しているだけです。坊っちゃんは自由闊達な存在にみえますが、実は近代的個人になりきれていません。「親譲りの無鉄砲」というよりも、「個」が確立していないのです。

　では、なぜ漱石はこの坊っちゃんを主人公とし、読者の共感を誘う人物に仕立て上げたのでしょうか。そこには漱石の近代社会＝組織への違和感と批判が込められています。前にも引用した坊っちゃんの述懐、〈考えて見ると世間の大部分の人はわるくなる事を奨励しているように思う。わるくならなければ社会に成功はしないものと信じているらしい。（略）いっそ思い切って学校で嘘をつく法とか、人を信じない術とか、人を乗せる策を教授する方が、世のためにも当人のためにもなるだろう〉と語られる「世間の大部分」、「社会」こそ、急速に近代化していく明治日本のありようでした。近代的個人として「内面」を持つこと。その表にあらわれる行動と内面のズレを、漱石は「嘘をつく法」であり「人を信じない術」と批判しているのです。近代社会＝組織は人を悪くする。それが漱石の認識だと思います。

　それをよくあらわしているのはラストシーンです。そこでは、子供の頃から坊っちゃんを可愛がり、その単純や真率を愛してくれた下女の清が登場します。

清の事を話すのを忘れていた。――おれが東京へ着いて下宿へも行かず、革鞄《かばん》を提げ

たまま、清や帰ったよと飛び込んだら、あら坊っちゃん、よくまあ、早く帰って来て下さったと涙をぽたぽたと落した。おれも余り嬉しかったから、もう田舎へは行かない、東京で清とうちを持つんだといった。

その後ある人の周旋で街鉄の技手になった。月給は二十五円で、家賃は六円だ。清は玄関付きの家でなくっても至極満足の様子であったが気の毒な事に今年の二月肺炎に罹って死んでしまった。死ぬ前日おれを呼んで坊っちゃん後生だから清が死んだら、坊っちゃんの御寺へ埋めて下さい。御墓のなかで坊っちゃんの来るのを楽しみに待っておりますといった。だから清の墓は小日向の養源寺にある。

たしかにこうした純粋な母性を象徴する清の姿は胸を打ちます。このエピソードを持ち出して物語を回収させているため、坊っちゃんがとてもいい人に見えて終わるのです。

「組織と個人」という観点から見ると、このエピソードには二つの重要なポイントがあります。

ひとつは「転職」です。学校という組織には適合できなかった坊っちゃんでしたが、より人との関わりが薄い技術職に転じることで、辛うじて組織の一員として生きることができました。ここで導かれる結論は、一つの組織にしがみついて〈バーンアウト〉になるくらいならば、〈マイペース〉を維持できる職場に転じたほうがよい、ということです。ただしその場合、待遇は低下するのが普通です。前職の給料の三分の二以下というのが相場ですが、坊っちゃんの月給も四十円から二十五円と、なかなかリアルな下がり方を示しています。漱石自身、『坊っちゃん』を発表した翌年、帝大講師を辞して朝日新聞社に入社しました。神経衰弱に苦しめられていた漱石も、転職にひとつの救いを見出そうとしたのです。

もうひとつは「家族」です。組織よりも大事なものは何か。自分を肯定してくれるものは何かという問いに、坊っちゃんが見出したのは清の存在でした。清がいたからこそ、坊っちゃんは街鉄（東京市街鉄道。いまの東京都電の前身）という組織での人生をまっとうしえた。それを血縁家族や妻ではなく、下女という他人とのつながりのなかに見出したのが、漱石の非凡さともいえるでしょう。

こうしてみてくると、私たちが、「組織不適合者」である坊っちゃんの後先考えない行動に爽快感を覚える理由もみえてきます。組織とつきあい、組織の論理を内面化することが大きなストレスだからです。だから清という「組織の外側」の存在に支えられ、〈マイペース〉を貫くことのできた坊っちゃんが、これほど長く愛されてきたのでしょう。

日曜日の憂鬱で始まる小説

『坊っちゃん』は、二十代半ばのような若々しさを感じさせる小説です。それに対して『門』からは、すっかり人生に疲れ、老成した印象を受けます。ところが実際には、漱石は『坊っちゃん』を三十九歳（明治三十九年）で書き、四十三歳（明治四十三年）のときに『門』を書きました。その間は、わずかに四年しかありません。それだけ漱石は多様性に富んだ作家であるといえます。そして同時に、明治末期の四年間は、それだけ急速に社会の近代化＝組織化が進んだ時代だったということもできると思います。

『門』の主人公宗助は、薄給で下級官吏として働いています。大学には入ったのですが、ある事情で中退し、いわゆるエリートの道からは外れている。この小説は次のように書き出されています。

宗助は先刻から縁側へ坐蒲団を持ち出して日当りの好さそうな所へ気楽に胡坐《あぐら》をかい

て見たが、やがて手に持っている雑誌を放り出すと共に、ごろりと横になった。秋日和と名のつくほどの上天気なので、往来を行く人の下駄の響が、静かな町だけに、朗らかに聞えて来る。（略）たまの日曜にこうして緩《ゆっ》くり空を見るだけでも大分違うなと思いながら、眉《まゆ》を寄せて、ぎらぎらする日を少時《しばらく》見詰めていたが、眩《まぼ》しくなったので、今度はぐるりと寝返《ねがえ》りをして障子の方を向いた。障子の中では細君が裁縫《しごと》をしている。

「おい、好い天気だな」と話し掛けた。細君は、

「ええ」といったなりであった。宗助も別に話がしたい訳でもなかったと見えて、それなり黙ってしまった。

どうでしょうか。まず『坊っちゃん』とは文体からしてまったく違います。

宗助と妻、御米の会話は老夫婦を思わせますが、高等学校の生徒である弟の小六と〈年は十ばかり違〉うとあるように、宗助はまだ二十代後半か三十代前半なのです。

宗助の家庭には、複雑な事情がありました。宗助の妻である御米は、実は親友の安井から奪ったものでした。二人の間に子供もできたのですが、いずれも早産や死産となり、御米は易者から、「貴方は人に対して済まない事をした覚《おぼえ》がある。その罪が祟《たた》っているから、子供は決して育たない」と言われてしまいます。

はっきりとは書かれていませんが、大学を中退し、逃れるようにして、広島や福岡に移り住むようになったのも、この結婚の経緯と関連しています。東京に戻ってからも、人目を忍ばないと生きていけない境遇を象徴するように、その住まいは崖の下にあります。

宗助の勤め先の様子は、以下のように描写されています。

今日の日曜も、暢《のん》びりした御天気も、もう既に御しまいだと思うと、少し果敢《はか》ないような また淋しいような一種の気分が起って来た。そうして明日からまた例によって例の如く、せっせと働らかなくてはならない身体だと考えると、今日半日の生活が急に惜しくなって、残る六日半の非精神的な行動が、如何にも詰らなく感ぜられた。歩いているうちにも、日当の悪い、窓の乏しい、大きな部屋の模様や、隣りに坐っている同僚の顔や、野中さんちょっとという上官の様子ばかりが眼に浮かんだ。

休日が終わりに近づくにつれ、会社のことを思い出して憂鬱になるのは、現代の私たちにもよく理解できます。このあたりも、漱石のうまさですね。

宗助のやるせない境遇は、ふとした会話のなかにもあらわれています。寄宿舎からやって来た小六を交えた夕食後、話題は満州のハルピン駅で安重根に暗殺された伊藤博文に及びます。


「どうしてまた満州などへ行ったんでしょう」と〔御米は〕聞いた。

「本当にな」と宗助は腹が張って充分物足りた様子であった。

「何でも露西亜《ロシア》に秘密な用があったんだそうです」と小六が真面目な顔をしていった。

御米は、

「そう。でも厭ねえ。殺されちゃ」といった。

「己《おれ》見たような腰弁《こしべん》は殺されちゃ厭だが、伊藤さん見たような人は、哈爾賓《ハルピン》へ行って殺される方がいいんだよ」と宗助が始めて調子づいた口を利いた。

「あら、何故」

「何故って伊藤さんは殺されたから、歴史的に偉い人になれるのさ。ただ死んで御覧、こうは行かないよ」

〈腰弁〉とは、腰に弁当をつけている人という意味で、昔、江戸城に通っていた下級武士が腰に弁当をぶら下げて行ったことから生まれたことばでした。転じて、下級官吏を指します。高級官僚なら役所の食堂を使ったり、銀座あたりへ出てお昼を食べることができますが、宗助は給料が安い下級役人ですから弁当持参で出勤するのです。

宗助は、中退とはいえ大学まで進み、本屋に並んだ洋書の表紙を苦もなく読み取れる語学力を身につけてもいます。そんな学歴でも下級官吏にしかなれないのです。そこに明治後期の社会の変化の激しさをみることもできるでしょう。学校制度が整い、近代的な組織が発展してくると、いったんコースを外れた人間は場所を得るのが難しくなっているのです。

宗教でも救われない

その意味で『門』に描かれているのは、『坊っちゃん』よりも近代化が進行し、組織の論理がより人々の生活に深く食い込んだ世界だといえます。

まず『坊っちゃん』では「家族」的な存在である清が救いになりました。しかし、宗助の場合、救いであるはずの家族に、不安の源が入り込んでいます。宗助は父の遺産を使い込んでいる叔父や、高等学校に進み学費のかかる弟の存在にも苦しめられます。そこに、かつて御米を争った安井（その後、学校を退き、満州に渡ったと伝えられていました）が日本に帰っており、しかも知人の弟とともに事業をしていることがわかります。「家族」も逃げ場ではなくなっているのです。

さらに『門』では「宗教」による救いも否定されます。

懊悩を深めた宗助は鎌倉の禅寺へ行きます。何日も座禅を組んで修行して、悟りを開こうとしますが、悟りらしきものは全然見えてこない。そこで、宜道《ぎどう》という若い禅僧とやり取りを交わします。

「私のようなものには到底悟《さとり》は開かれそうにありません」と思い詰めたように宜道を捕《つら》まえていった。それは帰る二、三日前の事であった。

「いえ信念さえあれば誰でも悟れます」と宜道は躊躇《ちゅうちょ》もなく答えた。「法華《ほっけ》の凝り固まりが夢中に太鼓を叩くように遣《や》って御覧なさい。頭の巓辺《てっぺん》から足の爪先までが悉《ことごと》く公案で充実したとき、俄然として新天地が現前するので御座《ござ》います」

宗助は自分の境遇やら性質が、それほど盲目的に猛烈な働《はたらき》を敢えてするに適しない事を深く悲しんだ。いわんや自分のこの山で暮らすべき日は既に限られていた。彼は直截《ちよくせつ》に生活の葛藤《かつとう》を切り払うつもりで、かえって迂闊《うかつ》に山の中へ迷い込んだ愚物であった。

（略）

こういう状態は、不幸にして宗助の山を去らなければならない日まで、目に立つほどの新生面を開く機会なく続いた。いよいよ出立の朝になって宗助は潔《いさぎ》よく未練を抛《な》げ棄《す》てた。

漱石自身、二十代のころに鎌倉の円覚寺などで参禅を行なっています。この『門』での描写はその体験を踏まえているとされていますが、宗助の悩みは宗教などでは解決できないものであることを示し、いわば逃げ道を塞いでいるのです。『門』の世界では、『坊っちゃん』にあったような「組織の外側」はもはや存在しません。

さて、袋小路に陥った宗助ですが、物語はあっけなく収束を迎えます。弟は裕福な知人の書生となって学業を続け、夫婦にとって最大の懸念だった安井は再び蒙古に赴いたことを知ります。そしてラストシーンです。

> **小康はかくして事を好まない夫婦の上に落ちた。ある日曜の午《ひる》宗助は久しぶりに、四日目の垢《あか》を流すため横町の洗場に行ったら、五十ばかりの頭を剃《そ》った男と、三十代の商人《あきんど》らしい男が、漸《ようや》く春らしくなったといって、時候の挨拶《あいさつ》を取り換わしていた。若い方が、今朝始めて鶯《うぐいす》の鳴声を聞いたと話すと、坊さんの方が、私は二、三日前にも一度聞いた事があると答えていた。（略）**
>
> **宗助は家へ帰って御米にこの鶯の問答を繰り返して聞かせた。御米は障子の硝子に映る麗《うらら》かな日影をすかして見て、**
>
> **「本当にありがたいわね。漸くの事春になって」といって、晴れ晴れしい眉を張った。宗助は縁に出て長く延びた爪を剪《き》りながら、**
>
> **「うん、しかしまたじき冬になるよ」と答えて、下を向いたまま鋏《はさみ》を動かしていた。**

これは冒頭の秋の場面と対応したものです。ようやく春になったというのに、宗助は「またじき冬になるよ」という。つまり問題は先送りされただけで、何も解決していないのです。

漱石は、組織で軋轢《あつれき》を起こして外へ飛び出してしまう人間として、坊っちゃんを描きます。その四年後には逆に、組織の中で自分を殺すように過ごしながら、メンタルの不調で行き詰まって身動きが取れなくなる宗助を描いたのです。宗助の心の状態を表すのにしばしば「神経衰弱」という表現が登場しますが、完全な〈バーンアウト〉だといえるでしょう。

日露戦争に勝利した日本は、官僚制を整え、株式会社などの近代組織も充実させていきます。そして近代的な社会や組織が発達するにつれ、より顕在化したのが「組織と個人」という問題だったのです。

第二章　人事の魔力

なぜ人はポストに執着するのか

組織を動かす上で要となるのは、何といっても人事です。なぜ人はポストに執着するのか？　そこには権力・カネ・そして評価という組織が提供しうる価値の三大要素が集約されているからです。

まず「権力」。部下に命令する力はもちろん、プロジェクトの決定権、取引先との付き合い方などさまざまな決定が、そのポストに応じて委ねられます。次の「カネ」は単に賃金だけではありません。ポストが上昇するほど関与する仕事も大規模、広範囲になり、そこに投入される資金も大きくなっていきます。その意味で、権力とカネは連動しているといえるでしょう。そして重要なのは、第三の「評価」です。つまり自分の仕事に対して、承認欲求が満たされる。これは時として金銭的な報酬以上に、人を動かす力になるのです。

そのため、組織内でポストを配分する人事という仕事は、最も重要であり、かつリスクの伴う仕事でもあります。この章では、城山三郎『官僚たちの夏』（新潮文庫）をテキストにして、人事の魔力について論じたいと思います。

霞が関の文化拘束性

この小説は、『通産官僚たちの夏』の題名で『週刊朝日』に連載されたあと、一九七五（昭和五十）年に刊行されています。主人公は、「ミスター・通産省」、「人事の風越《かざごし》」などの異名を持つキャリア官僚・風越信吾。しかし、風越は組織の掟を無視した専横ぶりで敵を作り、政治家からも疎《うと》まれる存在になっていきます。

この風越のモデルとされるのは、三木武夫通産大臣の下で次官を務めた佐橋滋です。そのほか登場する政治家たちも、池田勇人、佐藤栄作など、それぞれモデルと目される人物を重ね合わせて読むことができます。

この小説で描かれるのは一九六〇年代の初め、高度経済成長に向かってひた走っていく時期の通商産業省です。この時期の通産省は、官主導の産業政策を進め、高度成長をリードしたという「神話」がありますが、この『官僚たちの夏』はそうした通産省神話づくりに大きく貢献した作品だといえるでしょう。

しかし、この「神話」に対しては、高度成長をほんとうに支えた企業、たとえばホンダ、ソニー、松下電器などはむしろ通産省の強引な介入に抵抗していたのではないかなど、後年、多くの疑義・批判も出されています。

小説の舞台は一九六〇年代ですが、実は、現在の官僚たちもその組織のあり方も本質的にはあまり変わっていません。近年、「霞が関もかつてのようなパワーを失った」とか「優秀な人材は外資系などに流れ、中央官庁へは行かなくなった」などといわれますが、それでも基本的に、この国のさまざまな権限が中央官庁に集中する構造は維持されていますし、それ以上に霞が関の役人たちのメンタリティは変わっていないと思います。昨今、中央官庁における隠蔽問題やセクハラなど、低レベルな問題が相次いで物議を醸しましたが、それは「官僚の質が低下した」のではなく、単に「官僚たちのもともとの質の低さが露見した」だけのことです。

なぜ官僚たちは変わらないのか？　それは組織や人事には「文化拘束性」が高いからです。ある組織の性格は、その組織が形作られたときの目的、価値観、上下関係のあり方などによって決定されます。そうした「文化」は、その組織が存続する限りはなかなか変わりません。その意味で、『官僚たちの夏』で描かれた人事をめぐる問題は、基本的には現代にも通じるテーマなのです。

最も危険な仕事

　では、具体的な場面を読み解いていきましょう。物語の初めのほうで、主人公の風越が大臣官房秘書課長として、竹橋通産大臣から省内人事について諮問を受ける場面です。


風越がひととおり話し終ったところで、大臣は、思いついたようにいった。

「ところで、きみ自身のことは、どう考えているね」

風越は、間髪をいれず、大声で答えた。

「もう一期、続けてやらせてください」

「大丈夫か。人事は気をつかう。一期つとめるだけで、ふつうはノイローゼになるものらしいが」

「いや、わたしは逆ですよ。わたしは、いちばん、人間に興味があるんです。だから、もっともっと、これはと思う人事をやってみたい。あたりさわりのないトコロテン人事を、この通産省からしめ出したいんです」しゃべっている中に、風越の声は大きくなっ

た。「うちの役所には、ばらまくほどの予算があるわけでなし、許認可権もいまはたいして残って居りません。行政指導だけで業界をひっぱって行かねばなりませんが、それだけに、衝に当る役人の能力や個性が問題です。入省年次順に役人を並べておけばすむような役所とはちがいます。よほど魅力的な人間を見つけ育てて、適所に配置しないと、いつか、動きがとれなくなるんです。それには……」

「わかった」

大臣は、手を上げて、風越の雄弁を遮ると、少しからかうように、

「きみは、よほど、人事が好きなんだね」

風越は、わるびれず、

「ハイ、好きです」


ここで風越が「大臣官房秘書課長」という役職に就いていることはとても重要です。霞が関の役所には大臣官房という部署が必ずありますが、そこの課長は他の部局の課長よりワンランク上。中でも人事を司る秘書課長は、ちょっとした局長くらいの力をもっており、次官への最短コースとされています。

ここで風越は、人事という仕事の魅力について雄弁に語っていますが、魅力の裏側には魔力があります。実は、人事は、組織において最も危険な仕事なのです。

冒頭でも述べたように、ポストには組織における価値が集約されています。当然、そこには勝者と敗者が生まれます。そこで人事を担当する者が必ずわきまえておかなければならない鉄則があります。それは「抜擢された人は感謝しないが、外された人は必ず恨む」ということです。

人間には認知バイアスがあり、自分の能力、自分の成果を必ず実際以上に大きく評価するものです。日のあたるポストに登用された人は、「自分の能力が正当に評価された」と感じるだけで、人事担当者に感謝などしないか、感謝しても短期間にすぎません。他方、コースから外された人は「能力のある自分が左遷されたのは、人事担当者の恣意によるものだ」と反発するのです。

これは人間の本性といってよく、いくら謙虚な人でも、このバイアスから完全に逃れることはできません。ただ「人間には自分を過大評価する傾向がある」ということを知っておいて、折に触れて、軌道修正を試みる必要はあるでしょう。

それでも、組織が右肩上がりのとき、業績が上がっていたり、プロジェクトが成功しているときには、問題は顕在化しにくい。人事に不満はあっても、結果も出ていますから、はっきりと異を唱えることは難しいでしょう。全体の成績がよければ、給料も上がっていきますし、多少メインから外れたポジションでも、かえって大目にみられて、のびのび働くこともできるかもしれません。高度成長期、「♪サラリーマンは気楽な稼業と来たもんだ」と歌われた〈マイペース〉型を選ぶ余地もあります。

ところが、ひとたび調子が悪くなると、社内は〈ワーカホリック〉と〈バーンアウト〉で溢れます。そうなると溜まった社内の憤懣は、人事担当者に向けられやすい。もともと個人的に人事に不満を持っていた人たちが、「こいつが変な人事をしたせいで会社がおかしくなった」という公憤に移行し、一定の説得力を持つのです。

どんな組織でもトラブルが起こる原因は人事です。特に官庁や大企業などエリート集団であるほど、人事への関心も強く、その分、恨みも深い。こうしたリスクに、風越はあまりにも無頓着なのです。

ちなみにエリート集団同様、人事への関心が異常に高いのがヤクザ組織です。『仁義なき戦い』などヤクザ映画の名作を思い起こしてください。跡目争い、席次のいざこざに始まり、人事の比重がきわめて高いのです。最近ではVシネマで『日本統一』というシリーズをよく観るのですが、これも徹頭徹尾、人事の話ばかり。ドロップアウトしてヤクザになったはずなのに、組織の呪縛からは逃れられないのです。さらにいえば、エリート集団とヤクザ組織のもうひとつの共通点はホモソーシャル傾向の強い組織であること。『官僚たちの夏』もほとんど男性しか登場しませんが、彼らにとっては同質性が高いほうがストレスが少ないのでしょう。二〇一八年、財務省の事務次官が幼稚なセクハラ事件を起こし辞任に追い込まれましたが、ああした言動が通用すると錯覚してしまうこと自体、官僚組織の高い同質性を顕《あらわ》していると思います。

「能力主義」の難しさ

さて、風越と竹橋大臣の会話はさらに続きます。ちなみにこの竹橋大臣のモデルは石橋湛山です。

「うわさによると、きみは、どこかの課長補佐の時代から、省内人事の予想屋みたいなことをやっていたというな」

「なにしろ、人事異動に興味があって、つい、わたしなりに予想を立ててみたくなるものですから。そこへ、おもしろがって、みながききにくるようになって。ただし、予想屋といわれるほどには、わたしの予想は的中して居りません」

「ほう、どうしてだね」

「わたしの予想は、通産省はかくあるべしという理想の人事をいつも並べるのでして……。むしろ、予想屋というより、理想屋というべきかも知れません」

「理想どおりに行かぬことが多かった、というのかね」

「ハイ。担当者に、人間を見る目がなかったということにもなりますか」

大臣は、そっぽを向き、もう物をいわなかった。風越の自信に圧倒されるとともに〈どこまで押しの強い男か〉と、半ば興ざめした表情でもあった。といって、風越をどうこうする気もない。最終の人事権は、大臣の掌中にあり、この男をとばすこともできるのだが、竹橋は、この風越課長が若い役人たちにいつも吹聴しているという言葉を、不快の念とともに、思い出した。

〈おれたちは、国家に雇われている。大臣に雇われているわけじゃないんだ〉

一筋ナワでは行かぬ相手であった。

ここでの風越の姿勢には、二つの大きな問題があります。そのひとつは人事に個人的な理想を持ちこみ、それを表明してしまっていることです。

組織にとって人事はあまりにも重い仕事です。そのリスクを分散させなくては、権力偏重となり、組織もうまく回っていきません。

そこで、人事に携わる人間には「自分は権力を握っているのではなく、組織のひとつの駒にすぎない」という認識が求められます。そして、機構的には合議制をとることです。その際に留意しなくてはならないのは、合議の内容をけっして外に漏らさないこと、そしてコメントを加えないことです。人事で冷や飯を食った上に、否定的な評価まで下されたのでは、社員のやる気はガタガタになりますから。人事を、個人の判断のレベルではなく、抽象的な組織の判断であるかのように擬装することが必要なのです。

人事が成功するのは、徹底した能力主義に立ったときだけです。しかし、それが容易ではありません。人事の際に問われる能力とは、売り上げを伸ばしたなどの数値化が可能な能力だけではないからです。そこには常に不透明さが伴います。「この交渉で、これだけの成果を上げたから」という目に見える評価ならいいのですが、よく使う料亭の女将が耳打ちする「あの人、気が利いてるわね」というひと言や、「この前、酔って局長の悪口言ってたわよ」という告げ口なども、意外と評価に影響を与えかねない。極端な抜擢人事など、イレギュラーな人事をひとつ行なうと、だいたい三、四人から恨まれる結果になります。十回やれば、三十人から四十人の恨みを買います。

人事は組織の要であり、適材適所が必須であると同時に、上がる人がいればこぼれる人も出てくることが避けられません。その人たちのインセンティブを、どうやって維持するか。ここが特に大切なのです。

したがって企業のトップになる人間は、人事に直接触らないことが肝要です。「良きに計らえ」と担当者に任せたふりをしながら後ろで操る、という方針に徹して、絶対に姿をさらさないことです。直接人事を行なうことを禁欲した場合、一〇〇%思い通りの人事が出来るわけではありません。しかし自分の思いを九割五分通すことで百人の敵を作るより、自分の思いは七割しか通らないけれども敵は一人もいないほうが、絶対にいい。人事においては、その程度の歩留まりを目指すべきです。

もうひとつの問題は、民主政治の軽視です。官僚の人事権は担当大臣にある。大臣を選ぶ権限は首相にあり、首相は国会議員のなかから国会によって選出される。そして国会議員を選ぶのは国民です。これが戦後日本の民主政治の根幹であることは言うまでもありません。

〈おれたちは、国家に雇われている。大臣に雇われているわけじゃないんだ〉という風越の高言は、一見、官僚たちの高い志の表明であるかのように描かれていますが、実は、戦前の「天皇の官僚」を引きずった発想です。戦前においては、天皇から任命された官僚のほうが、民草によって選ばれた国会議員よりも上でした。これは当時の官僚と議員の席順などからもはっきりしています。

官僚は資格試験によって登用された人たちで、国民による信任を直接受けていません。したがって、民主政体において、国民が選んだ政治家に従うのは当然なのです。風越のいう「国家」とは実は官僚自身を指しています。そこに潜んでいるのは、指導され支配される対象として国民をみなす「お上」の目線なのです。

先に引用した文中に、竹橋大臣の「わかった」というセリフが出てきますが、実は政治家の「わかった」ほど恐ろしい言葉はありません。霞が関において政治家が「わかった」と言う場合は、「あなたが何を言っているかは理解した」という意味に過ぎず、「了承した」「賛同する」という意味では必ずしもないからです。

安倍政権を理解するテキスト

それにしても、なぜ当時の通産省では、この小説で描かれたような風越の専横ぶりが許されていたのでしょうか。

その理由のひとつは、通産省という官庁の成り立ちに見出すことができると私は考えています。通産省は、戦前の商工省を戦後に改組して作った、新しい役所です。霞が関では、文字数で役所の格を評価します。大蔵省や法務省や外務省は三文字ですね。それに対して、通商産業省や農林水産省は五文字です。字数の少ないほうが歴史も古い老舗官庁で、格上なのです。二〇〇一年に省庁再編がなされ、厚生労働省や国土交通省などに改名されましたが、厚生労働省は厚生省と労働省が統合したもので、国土交通省は運輸省、建設省、国土庁、北海道開発庁の寄り合い所帯です。その分、組織としての求心力はどうしても強くない。通商産業省は経済産業省となりましたが、大蔵省は財務省と、やはり三文字のままでした。

そして老舗の役所ほどヒエラルキーがすでに固まっているところが多いのです。組織としての規律や命令体系、序列がルール化されていて、特定の個人の裁量が及ぶ余地が比較的少ない。たとえば外務省の在外公館では、大使、公使、参事官、一等書記官、二等書記官、三等書記官、外交官補と、席次がきっちり決まっています。同じ階級なら着任順。着任が同日の場合は中告順です。つまり、着任しましたと先に中告したほうを上席と定める。そんな細かいところまで、オートマチックに決まっているのです。

つまり、老舗の役所ほど、人より肩書きがものをいいます。そうした組織では、人事カードの効果は限定的になります。上下関係がはっきりしない組織のほうが、誰に権限があるのかが決まっておらず、個人の声の大きさなどの属人的な要素が大きくなるのです。その意味で『官僚たちの夏』は、戦後生まれでまだ組織がカチッと固まっていない通産省ならではのストーリーだともいえるでしょう。

その通産省が経済産業省と名前を変え、いまでは政府を牛耳っています。経産省出身の官僚たちが、安倍政権の中枢を占め、内閣府をあたかも大統領府のような組織として、さまざまな政策を進めているからです。前にも述べたように、組織の文化はあまり変わりません。その意味で、『官僚たちの夏』は、安倍政権を理解するテキストとしても使えるでしょう。

さらに興味深いのは、風越が通産省に初めて労働組合ができたときに委員長を務めた、という経歴の持ち主であることです。

官庁や企業は、最初は組合を忌避しましたが、やがて組合の活動家を管理職として登用するようになります。そもそも組合の執行部には、仲間内でも人気や評価の高い人が選ばれる傾向があります。くわえて、自分の仕事に専念し、キャリアや報酬だけ求める傾向の強い一般の官僚より、仲間のことを考えて組合を組織する人間のほうが管理職への適性が高いという面もあったでしょう。そうした人材が、組合として会社側との交渉を重ねるなかで、若くして人事や経営の現実を垣間見る機会を得るようになります。また、組合の指令は会社の業務命令に比べると拘束度が弱いため、誰が命じたかという属人的な要素が強い意味をもちます。

そこで組合で強力なリーダーシップを発揮した幹部を管理職に登用すれば、その人間が切る人事カードの有効性が強くなります。『官僚たちの夏』の風越はまさにそういう人物として設定されています。

しかも風越は、無能な役人を抱えることは税金のムダで、国益に背くという観点から、無能の基準を明らかにした上で、不適格者と判断した組合員を退職させたのです。人員整理を積極的にやってくれる組合なのですから、組織としてこれほど好都合な話はありません。いわば風越は、組合員の犠牲のうえに自分の出世を実現していった、とんでもない組合委員長でもあったのです。

風越が男をあげたのは、しかし、この「取引」のためだけではない。風越は、実質的な整理を行う代りに、非組合員である上級職にさかのぼって不適格者のリスト・アップを行い、相応の処置を官側にとらせることに成功した。

このころから風越に、得意のつぶやきが加わった。

「おれは人間に興味がある。人間がおもしろくてたまらないんだな」

人間について、とくに人事についてては、だれしも興味がある。だが、また、だれしも口にはしない。禁句《タブー》であったが、風越は禁句に耐えられない。

「おれは雑なんだからなァ。しゃべらせてくれよ」

こうした風越は、高級官僚たちにとっては、目ざわりな存在であった。ただ、組合の信望を集めているので、どうすることもできない。むしろ、風越に気がねする上役も出てきた。

風越の振る舞いは、「人事べからず集」をすべてやってしまっているようなものです。自分が人事の鍵を握っていると吹聴する、自分の理想と称してメンバーを勝手に序列化する、合議を軽視しすでに決定した人事を批判する。まさに「組織を壟断《ろうだん》する」とはこのことでしょう。

風越がぶつかった「壁」

こうした風越のやり方は、どこかで壁にぶつかります。通産官僚のトップである事務次官の最有力候補と目され、風越本人もそれを信じて疑わなかったのですが、風越を嫌う古畑通産大臣が爆弾発言を行なうのです。

「きみらとしては、当然、この夏の人事異動の腹案をききたいところだろうな」

記者たちはうなずいたが、風越の次官昇格などが、すでに予想というより既定の路線とされていただけに、それほど聞き耳を立てるという感じではなかった。

「いうまでもないことだが、大臣であるわたしが人事権者だ」

古畑は、一語一語かみしめるようにいった。いまさら何をいうのかという記者たち。

だが、それは、次の意表をつく発表への伏線であった。（略）

古畑は、アイス・ティーをのみ干すと、少し声をたかぶらせていった。

「人事を、自分たちの内輪で勝手に決めておいて、これをやれというのは、おかしい。

人事はすべて、国民の付託を受けた大臣が、広い視野から見て決めるものなんだ」

記者たちは、ようやく、古畑が容易ならぬことをいおうとしているのに気づいた。前の席へ移る者もあれば、あわててメモをとり出す者もある。（略）

「通産省は、産業界全体に奉仕するサービス官庁である（略）だから、威丈高なひとでは困るんだ」

（略）記者たちは、騒然となった。それは、明らかな個人攻撃であった。しかも、既定路線をひっくり返してしまうクーデター的な発言でもあった。

人事は大臣が決める――この効果を最大限に利用したのが安倍政権です。
その前の民主党政権は、霞が関全体を敵に回しました。鳩山由紀夫首相が、各省の局長クラス以上全員に辞表を出させ、民主党の政策に賛成した場合のみ任用するという「踏み絵」を行なったからです。それに対し、安倍政権の手法はより洗練されたものでした。厚労省の事務次官に、「郵便不正事件」で大阪地検特捜部に逮捕・起訴されたのちに無罪が確定した村木厚子さんを据えるサプライズ人事を行なったのです。これで霞が関には激震が走りました。「安倍政権は、いきなり次官のクビをすげ替える。下手をすれば次はウチだ」と、すべての省庁はビビり上がり、官邸と霞が関の力関係が一変したのです。

官庁において事務次官は組織内の存在です。それに対して、大臣＝政治家は組織の上に立つ、いわば組織外の存在です。組織の上に立つトップが人事を見極める際、必要となるのは何か？　それは時代劇に登場する「お庭番」です。彼の任務は、表向きは庭の掃除ですが、実際の仕事はお家の内部情報を集め、殿様に報告することです。このお庭番の情報と判断の質が、殿様の人事の出来を左右します。しかし、家中の人々には、お庭番の真の姿は、絶対に見えてはなりません。お庭番が人事に影響を与えることは、組織のヒエラルキーにおいて許されない下剋上だからです。

実は、似たようなケースを、私自身、外務省時代に経験したことがあります。私の場合、直接、人事に容喙したわけではありませんが、衆議院議員の鈴木宗男さんから「今度モスクワに行かせる公使は、Sがいいと思うか、Hがいいと思うか」と訊かれたので、「Hはロシア語があまりできません。お酒はたくさん飲めます。対露関係では強硬論で、しかも交渉能力が低いから、北方領土交渉はきっと止まると思います。Sは酒は飲めません。しかしロシア語はよくできタフネゴシエーターなので、対露関係は進めるべきという考えだから、北方領土交渉は動くと思います」と答えました。ロシア人相手に仕事するには、ロシア語力はもちろん、お酒の付き合いも欠かせないのです。

私としては、上司の命を受けて、聞かれた範囲で、客観的なデータに基づいて回答したのですが、その結果、Hに内定していた人事がSに代わってしまいました。そういうことを数回繰り返したら、省内に大勢の敵をつくってしまったのです。ところが当時の私は、当たり前のことを言っただけで、それが組織の掟に反していることに全然気づいていませんでした。

人を生かす人事、潰す人事

こうして次官人事に敗れた風越は、いったんは特許庁長官に任じられて省外へ出ますが、次の人事で、事務次官として返り咲きます。しかし、自分の後釜に据えようと思った後輩の鮎川は病気で急逝してしまい、思い通りの後任人事ができないまま、役所を去ります。風越は、最も信頼を置く部下の庭野に、「おまえや鮎川のように、全力で走るやつ以外は、問題外だ」と自分の官僚観を語ります。その庭野のモットーは「無定量・無際限に働く」こと。まさに猛烈社員の鑑《かがみ》ですが、すでに彼らの時代は過ぎようとしていました。

そもそも風越は、可愛がっている部下に自分のことを「おやじさん」とか「親分」と呼ばせています。それひとつ取っても、私にはろくな人物だと思えません。人事カードをちらつかせながら、部下に自分の価値観を押し付け、滅私奉公的な長時間労働を強制、もしくは推奨することで、自分への忠誠心をはかる——そんな上司像が浮かび上がってきます。

時あたかも一九七〇年に入り、日米繊維交渉が大詰めを迎える時期でした。アメリカが沖縄を日本に返還するかわり、日本からの繊維輸出を自主規制してほしいと激しく迫られていたのです。その修羅場のポストである繊維局長に、肝臓をいためて療養していた庭野が任じられたのです。つまり、勝ち目のない交渉の捨て石とされたわけです。すでに通産省を退官し、無役となっていた風越は、人事を担当する官房長の牧に怒りの電話をかけます。

「ずいぶん乱暴な人事をするじゃないか。庭野を殺す気か（略）」

牧のひんやりするほど落着いた声が返ってきた。

「風越さんも買って居られたように、彼は格別ねばり強いし、説得力もある男です。日米繊維には、彼のような男が必要なんです」

「しかし、あいつは病み上りだ。激務に耐えられるはずがない。それでいて、その役になれば、命がけでとことんまでやる。つまり、庭野に死ねというのといっしょだ。人材を殺してしまっては、とり返しがつかんぞ」

風越の瞼には、急死した鮎川のことがちらついた。牧がまた冷静に答える。

「健康状態は本人がいちばん承知しているはずですし、すでに出省している以上、一人前にとつとめられると、判断する他ありません」

理屈は、そのとおりである。（略）

風越は、罵声を浴びせたかった。とめどもなく、大声で。その機先を制して、牧の少しかたい声がひびいた。

「風越さん、どうか外部から人事に干渉しないで頂きたい」

「干渉？　これが干渉なのか」

風越は絶句した。電話は切れた。


組織を離れてから人事に容喙するのは、組織に属した人間として、絶対にやってはいけないことです。しかも省内外に多くの敵を作ってきた風越には、いったん役所を離れると、もはや影響力はありませんでした。沖縄返還を進める須藤総理（モデルは佐藤栄作）も通産大臣時代に、風越と激しく対立していました。

その結末は痛切です。〈日米百年の大計のため、涙をのめ〉と通産大臣に言われても抵抗を続けた庭野は、激務の救いを医者に厳禁されていた酒に求めます。


冷えこみのきびしい夜、新橋の小料理屋で新聞記者の西丸とのんでいるとき、庭野が倒れて病院へかつぎこまれたという報せがきた。すぐタクシーを拾い、病院へとばした。

酔いの回った西丸が、タクシーのなかでいった。

「これで庭野もおしまいや。結局、あんたがつぶしたようなもんや」

「なんだと」

「庭野はひとりでものびる男やったのに、あんたが庭野庭野といいすぎたんや」

「しかし、おれは人材を……」

「たしかに人材や。けど、それが問題や。鮎川や、その次は庭野やと、あんたはずっと先まで読む。先の先まできめられてしもうと、人間くさるし、反撥もする。そういう反感が全部、庭野たちにぶつかって行くんや」

「ばかな。人間をつぶして、何の政策だ。おれは庭野のように全力で生きる人間を……」

「ほら、また庭野や」

風越は、鼻を鳴らして黙った。その暗く光る角縁の眼鏡に、西丸は酒くさい息とともに浴びせかけた。

「競走馬じゃあるまいし、全力で走りさえすればええというもんやない。いや、競走馬かて、毎日毎日全力で走らされりゃ、脚でも折るのが関の山や。競馬にたとえてわるいが、あんたの持ち馬は、みんな、死ぬか、けがしてしもうた。死屍累々というところや。（略）ケガしても突っ走るような世の中は、もうそろそろ終りや。通産省そのものがそんなこと許されなくなってきおる」

「いつも全力で走るやつ以外は問題外」「無定量、無際限に働く」といった風越派の労働観は、今でいえばブラック企業の論理とほぼ重なります。腹心の部下ほど〈ワーカホリック〉となり、〈バーンアウト〉してゆく。それは高度成長期の日本の組織の価値観であったともいえますが、結局、有為な人材を使い潰し、組織全体を疲弊させていくものにほかなりませんでした。

ただし、風越が人事にのめりこむのにも理解できる点もあります。それは組織には人を潰す力もありますが、人を生かす力もあるのです。組織によって役割を与えられ、その結果が評価され、さらなる目標が示されることで、個人の能力は確実に引き出されます。親分肌を自認する風越にとっては、これはと見込んだ部下が能力を伸ばし、成果を上げていくことが無上の快感だったのでしょう。

しかし、そこに落とし穴もあるのです。組織の及ぼす力は、ある種のスペクトラム（連続体）になっています。虹をイメージしてください。赤からオレンジ、黄色、緑、青、藍色、紫と変化していきますが、実は色と色との間に境界はなく、連続してつながっています。それでいて、両端をみるとまったく違う色になっている。組織も同様です。人を生かす力と潰す力は連続していて、組織によって生かされていたはずが、あるところでポンと逆転して、個人を潰す力となって襲いかかってくる。この逆転のポイントのみきわめが難しい。だから、部下としては、冷淡な上司もやりにくいのですが、過度に目をかけてくれる上司も危険なのです。

城山三郎は主人公である風越を同情的に描いているのですが、よく読んでみると、人事の魔力に自滅した男の姿を、他の登場人物にきちんと批判もさせています。こうした読み替えができることも、小説の面白さのひとつでしょう。

第三章　極限のクライシス・マネジメント

リスクとクライシスの違い

組織というものは、必ずどこかでトラブルを起こします。そのとき、個人はどうやって自分の身を守ったらいいのか。この章では危機管理についてお話ししたいと思います。

危機管理には二つの種類があります。リスク・マネジメントとクライシス・マネジメントです。混同しがちですが、この二つは性質が違い、対処法も変わってきます。リスクとは「悪いことが起きる可能性」で、計量化できる概念です。ある一定の確率で起きるのが予想されるため、あらかじめ危機を回避したり予防することができる。その予想可能なトラブルの対応策をまとめたものがマニュアルです。したがってリスク・マネジメントで扱うのは、マニュアルで対応可能な危機ということになります。

それに対して、クライシスは予測不可能な危機です。自然災害や交通事故、経済でいえば株価の大暴落、会社でいえば経営者の急死などは、非常に稀な現象で、前もって予想するのが難しい。ひとたび危機が発生してしまえば、生きるか死ぬか、ダメージをいかに最小限に食い止めるか、というマネジメントになります。

だから、クライシス・マネジメントにはあらかじめ決まった正解はありません。クライシスのあり方はそのときそのときで異なるからです。またクライシスの規模が大きくなるほど、対処すべき要素が増大し、複雑化してしまいます。だから、個別の対応策を列挙するタイプのマニュアルはあまり役に立たないのです。

では、どうするか？　私はクライシスに備えるには、アナロジーによる歴史的思考が適していると考えます。これは第一章でも述べましたが、危機管理を考える上での基本的な考え方なので、おさらいしておきましょう。

歴史上の事件は、基本的には再現されません。しかも複雑な要素がからみあっています。そこから教訓を得るには、多くの事象を蓄積し、いくつかのパターンに整理してみるほかありません。事象Aと事象Bは起きた時期も場所も異なるが、類似する要素がいくつか見られる。するとAのときに有効だった対策を試してみてはどうだろうか、と推論するのが、アナロジーによる思考です。

さらにいえば、歴史に取材した小説は複雑な歴史の枝葉を落として、その事件に直面した個人のあり方を抽出します。なぜこの登場人物はこの選択を行なったのか、自分ならどうするかを考えながら小説を読んでいくことは、実は、何がおきるかわからない現実のクライシスに対するシミュレーション訓練なのです。

不測の事態における四類型

クライシス・マネジメントに関して、私がいろいろなところでお勧めしている一冊があります。それは『原子力安全の論理』（日刊工業新聞社）です。著者は佐藤一男さんといって、東海村で臨界事故が起きたときに原子力安全委員会の委員長を務めていた方です。私は二〇一一年三月の東日本大震災のとき、この本を手に取ったのですが、そこには「安全とは主観的な判断にすぎない」「絶対の安全は存在しない」と書かれていました。起こりえる事象を列挙することはできるが、それがどのように結びつくかによってほぼ無限の可能性があるのだから、現実に起きることはほとんどすべて想定外なのだ、と。つまり、クライシスの本質を、工学者の視点から論じているのです。

この本でもうひとつ強く印象に残ったのは、クライシスに直面した人間のタイプ別分析です。佐藤一男さんは、次の四通りに分けています。

①やるべきことをきちんとやる人。
②やるべきことをまったくやらないか、不十分にしかやらない人。
③やってはいけないことをやる人。
④やってはいけないことをやらない人。

何か不測の事態——たとえば交通事故とか会社でトラブルが発生したとか——が起きたとき、周りの人たちの対応を思い出してください。だいたい、この四通りのなかに収まるのではないでしょうか。ここで問題なのは②と③です。深刻なクライシスほど、ほとんどの人がこの②と③になる。すると、対応ミスの連鎖が起きて、事態はいっそう想定外のものになってしまうというのです。

つまり、クライシスにおいて被害の程度を分けるのは事後の対応であり、それは危機に直面した個人の行動にかかっているのです。そのときに重要なのは、クライシスの対応に正解はないと理解しておくことです。思い込みを排して、自分の能力の限界もわきまえたうえで、事態をしっかり観察する。そして、まず「やってはいけないこと」を見分けていく。これがクライシス・マネジメントの第一歩だと思います。

参謀という生き方

　この章でとりあげる山崎豊子『不毛地帯』（新潮文庫）は、危機、それも生死にかかわるような、絶体絶命のクライシスに直面した人間の物語です。その主人公・壹岐正《いきただし》のモデルと目されているのが瀬島龍三です。大本営の作戦参謀で、終戦後はシベリアに抑留。帰国後、大手商社に入社し、航空機部門を担当するといった経歴は、主人公の壹岐と重なり合います。

　瀬島は一九一一（明治四十四）年に生まれ、陸軍士官学校を首席で卒業。終戦時には満州でソ連軍と停戦交渉を行なった後、ソ連軍の捕虜となり、極東国際軍事裁判に連合国（ソ連）側の証人として出廷して、またシベリアに戻されます。シベリアでの強制労働というのは、数年の間に多くの人が命を落とすとされる過酷なものですが、瀬島は十一年もの抑留生活を送った後に、無事、帰国を果たすのです。そして伊藤忠商事に入社すると、最後には会長にまでのぼりつめる。中曽根内閣では第二次臨時行政調査会の委員を務めるなど、自民党政権のブレーンとしても活躍する。亡くなったのは二〇〇七（平成十九）年、九十五歳でした。まさに生き残り術の天才というほかない経歴です。

あまりにも見事なサバイバルゆえに、瀬島にはさまざまな疑惑がつきまといました。その最大のものは、大本営参謀としてソ連と終戦交渉に当たった際、「賠償として、日本軍の将兵を労働力として提供する」という密約を交わしたのではないか、というものです。もちろん本人は一貫して否定しました。この疑惑については、保阪正康『瀬島龍三　参謀の昭和史』（文春文庫）や、魚住昭ら共同通信社社会部の『沈黙のファイル　「瀬島龍三」とは何だったのか』（新潮文庫）など優れたノンフィクション作品がありますので、おすすめします。

これに対して、『不毛地帯』の主人公、壹岐正は日本の名誉と尊厳を守った偉大な男として描かれています。作者は、壹岐は複数の人物を織り交ぜて創造した架空の存在であると語っていますが、モデル小説の要素が非常に強いのも事実でしょう。主人公に強く肩入れしている点は、『官僚たちの夏』とも共通しています。

では、壹岐がなぜ極限のクライシスを生き延びることができたのかをみていきましょう。

終戦後、ソ連軍の捕虜となった壹岐は、ハバロフスクの内務省で取調官から尋問を受けます。そこには極東軍事裁判に備え、天皇の戦争責任を追及したいというソ連の意図がありました。

「それで貴下は、第一部の作戦に従っていたわけだが、作戦計画はどのような指揮系統によってたてられていたのか」

「作戦計画はいつの場合も、陸軍部は参謀総長、海軍部は軍令部総長の指示により、計画立案する」

そう壹岐が応えた途端、ヤゼフ少佐はどんと机を叩き、

「大本営の最高指導者は天皇だろう、何故《なぜ》、それを隠すのか！」

大声で怒鳴った。

「大本営は大元帥陛下の下におかれてはいるが、たとえば陸軍部の場合、第一部が立案した計画を、参謀総長より天皇陛下に上奏、ご裁可の形をとるが、作戦計画そのものはどこまでも参謀総長の指揮下で行ない、天皇が最高指導者という捉え方はまちがいである、貴国のスターリン元帥とわが帝国の天皇とは、全く立場が異なることを承知されたい」

天皇が戦争の直接的な責任者ではないことは、ソ連もわかっています。しかし、極東委員会でのソ連の地位を高めるためには、天皇が責任者だという日本軍幹部の供述が欲しい。そのために大声で脅しているわけですが、一般に、「お前の非を早く認めろ」と執拗に迫ったり、大声で威嚇したりしてくるときには、相手が証拠を握っていないことを意味します。だから、自分から認めてはいけません。動かざる証拠があるなら、「こういうものがあるから」とサラッと突き付けてくるだけです。居丈高な態度は相手側の焦りなのです。そこを見抜いているから、壹岐は冷静な態度を保っているのです。

さらに壹岐のしたたかさは、それだけにとどまりません。天皇の責任をめぐるやり取りでは、壹岐は真実だけを話していますが、決定的な部分では平然と嘘をつくのです。

「次に対ソ作戦計画について聞く、貴下はこれに携ったことがあるか」

訊問の鉾先を、変えた。

「私は、関東軍参謀として転出するまで、主に南方の作戦計画に参画していたので、全く関与していない」

「しかし対ソ作戦計画が大本営にあったことは、知っているだろう」

「知ってはいるが、それはどこまでも日ソ戦争発生の場合、これに応ずる作戦計画であって、実行に移されたことは皆無である」

「それも全くのでたらめだ！　ことに独ソ戦中、大本営は関東軍に対し、どのような命令を出したか、話すのだ」

（略）独ソ戦が始まると、大本営は関東軍に対し、ドイツに対するソ軍の兵力牽制を意図して、ソ満国境への兵力集結を命令したのであったが、認めるわけにはいかない。

「大本営はそのような計画を一切、立案した事実はない」

「では、関東軍がソ満国境に兵力を集結し、ソ軍の背後を脅やかしたのは、関東軍の独断というわけだな」

壹岐は、口詰まり、腋の下にじわりと汗が滲んだ。

「――そうではない、貴官の指摘通り、ある一時期、満州におけるわが軍の兵力は膨張したが、それは対英米戦のため、南方へ兵力を輸送する通路に満州を使ったからである」

巧みに云い繕ったつもりであったが、

「貴下の云うことは嘘ばかりだ！　日本がドイツと組んで世界侵略を意図したことは歴

然たる事実だ！　関東軍で一年以上も作戦参謀をしておりながら、よくもそんな答えが出来るな、貴下は、いまだ精神的に全く降伏していない、今晩、一晩、よく考えることだ」

憎悪の籠った声で云い、椅子を蹴ってたち上った。直ちに護送兵が現われ、壹岐は両腕を取られ、取調室から連れ出された。

ソ連がヨーロッパ戦線でドイツと戦っているとき、日本は特種演習と称して関東軍をソ連と満州国の国境地帯に結集させ、ソ連を挟み撃ちにしようという作戦計画（関特演）を立てていました。壹岐は大本営参謀として、その計画立案の中心にいたのですが、そこでは虚偽の答えを返すのです。

たとえば、会社で何か詰め腹を切らされそうになったとしましょう。些細な部分については正直に語り、会社側が確認できない核心部分については、自分の身を守るために堂々と嘘をつく。これはなかなか賢いやり方です。この壹岐の弁明術は、のちに見るように、帰国後、航空機受注をめぐる疑惑に巻き込まれたときにも大きな威力を発揮します。

こうした壹岐の態度からは、「参謀」という存在の奇妙さも浮かび上がってきます。

日本軍における参謀は、作戦の企画立案において絶大な権限を持っていました。彼らの立てた作戦のとおりに、将兵たちは死地に赴くことになる。しかし、その作戦が失敗に終わっても、参謀たちは何の責任も取らないのです。彼らはあくまでも意見を述べているだけで、戦争の意思決定には関与せず、指揮命令系統の中に含まれないとされていました。

責任の所在が不明確なシステムの下では、独断専行が容易になります。瀬島龍三の先輩にあたる辻政信などはまさにその典型的な例でしょう。辻もまた陸軍士官学校を首席で卒業、参謀として時には偽の命令まで発するなど、独断専行のあげく、戦後には『潜行三千里』などの手記を書いてベストセラーとなり、国会議員に当選するなど、見事な生き残り術を披露しました（最後はラオスで失踪）。辻は多くの作戦で、大量の犠牲を出しましたが、何の責任を感じることもなく、戦後まで生き延びました。瀬島も同様です。しかも、瀬島には、失敗をあとから粉飾する才能もありました。戦後、瀬島の残した回想やインタビューなどを読むと、肝心なこと、都合の悪いことになると、答えなかったり、議論をはぐらかしたりしています。そうして磁場を変化させ、自分に有利な状況を作り出す能力が非常に高い。

さらにいえば、瀬島という人は「同心円状のアイデンティティ」の持ち主だったのではないかと思われます。同心円の中心には「自分」がいます。その外側には「参謀本部」や「会社の部署」があり、さらに外には「軍全体」、「会社全体」、その外の円には「国家」がある。そのすべてが瀬島のアイデンティティなのです。だから、自分を守ることは、会社を守ることであり、ひいては日本を守ることになります。逆に、大本営の利益、伊藤忠の利益は自分の利益でもある。そこに私心はありません。しかし究極の公私混同でもあります。

こうしたタイプの人間を相手にするときには十分な注意が必要です。自分と組織が地続きになっていますから、保身のために嘘をついたり、他人を裏切ったりしても、会社のため、お国のため、と容易に変換できるのです。

その人材にいくらコストをかけたか？

さてシベリアでの抑留を終えた壹岐は、一九五六（昭和三十一）年、最後の帰国船に乗って生還しました。軍隊経験しかない四十六歳の壹岐を迎え入れたのは、十大商社の上位を占める近畿商事でした。なぜ近畿商事の大門社長は、畑違いの壹岐をスカウトしたのか？　そこには次のような計算がありました。

戦後十三年経っている今日、近畿商事のように生っ粋の大阪発祥の商社が、よりにもよってシベリア帰りの旧軍人などを採用しなくてもというのが、役員たちの意見であった。しかし、大門は旧軍人のコネや顔などあてにしていない。それより彼らの作戦力と組織力に魅力を感じているのだった。民間企業の中でその力量をどれだけ発揮できるか解らなかったが、曾《かつ》て国家の総力を傾けて養成し、今の貨幣価値に換算すれば、一人数千万の国費をかけた参謀クラスの中から、優れた人材を選び出すのは、最も合理的で、確率の高い方法だというのが、大門の考え方であり、使えるか、使えないかは、首実検の上決めればいいことだと思っていた。

その人間に対して、組織はこれまでどのくらいの額を投資してきたか。これは人を鑑定する際に、今でも通用する考え方です。人材の育成にはいつの時代も手間とお金が必要だからです。たとえば、外務省が専門職の職員をひとり養成するのに、海外留学などふくめ、私の時代で千五百万円から三千万円かけられていました。いまは三千万円から五千万円かかっていると思います。大本営の作戦参謀といえば、戦前の日本国家が最大限の資金を投じて育ててきたエリート中のエリートです。その能力の汎用性が極めて高いに違いない。加えて、過酷なシベリアの強制労働に十一年間も耐えたということは、強靭な精神力や肉体的な強さも保証されています。大門社長が「この男は買いだ」と見たのは、きわめて合理的な計算だったといえるでしょう。

組織に切り捨てられるとき

実際、壹岐は、入社後もその高い能力を発揮して、すぐに出世していきます。ところが、そこで第二のクライシスに直面します。

防衛庁の次期戦闘機をラッキード社製にするかグラント社製にするかの選定について、ライバル商社が政治家と組んでスペックの悪い機種を入れようとしている。それは国のためにならないというので、壹岐は、防衛庁出身の小出という部下に内部情報を漏洩させ、商戦を有利に進めていきます。しかし、その工作が露見し、警察からの取調べを受けることになります。

ここでサバイバル術として興味深いのは、小出と壹岐の対比です。つまり組織に切り捨てられてしまう男と、生き残る男の差はどこにあるのか。まず小出の取調べの場面をみていきましょう。

小出が取調室へ呼び出されたのは、昼前であった。昨日と同じ部長刑事と、警部補が、机の前に坐っていた。

「どうだ、今日はほんとうのところを話す気になったかい、君は会社をかばってばかりいるが、どんな約束であれ、所詮無駄な努力だよ、会社のことより、もっと自分のことを考えた方が身のためだよ」

部長刑事は、一晩、留置されて気弱になっているであろう人間の心理をつくように云うと、若い警部補も、

「（略）会社のためと云っても、商社というのは、メーカーの作った製品を、銀行から借りた金で動かしている、いわば人の褌で相撲を取っているこすからいところで、所詮、君のような公務員上りが勤まる職場じゃないよ、その証拠に、君の古巣の防衛庁から商社へ天下った者で、えらくなったのがいるか？（略）」

小出は、言葉に詰った。そう云われれば、防衛庁から商社への天下り組は、将補クラスで天下っても、最初の二、三年、その顔が利用できる間だけが有効期間で、あとは捨扶持を貰うだけの場所へ押しやられている。

ここで小出の外様意識をくすぐるのはうまいやり方です。組織が自分を見放すのではないかという被害者意識が、組織への忠誠心、組織との一体感を失わせるからです。

そのあたりの取調べの空気は、私にも経験があります。私が逮捕され、勾留延長になったときの話です。手続きのために東京拘置所から東京地方裁判所に連行されました。「容疑はまったく事実無根で、私は仕事の上でやっただけです」云々と説明すると、裁判官は「はい、わかりました」と言って、隣にいる書記官がゴム印をポンと押します。そのゴム印には《身に覚えがありません》と書いてあるのです。どんなに丁寧に説明をしても、《身に覚えがありません》というハンコがポンと押されるだけ。そして地下の独房に戻されて二時間くらい経ったら「勾留延長が決定されました」と言われました。本当に頭に来ました。こういうことが続くと、自分の言い分を聞いてくれる検察官に心を許したくなります。それが向こうの手口なのです。

さらに小出は最も弱い部分を攻められてしまいます。それは家族です。取調官は奥さんが警察にやってきた、と小出に告げます。

「会社の弁護士は、奥さんは来ないと云ったんだろう、しかし、君の奥さんは、会社のえらいさんや弁護士から、警察へは行くな、すべて会社に任せておくようにと云われたけれど、居てもたってもおれず、出かけて来たんだよ。（略）一体、主人がどんな悪いことをしたのか、万一、新聞やテレビに出たら子供が学校でいじめられる、その心配で来たと云われたので、何もあなたの主人が悪いのではない、会社が悪いのに、あんたの主人は会社をかばって、警察が探している複写機の行先を云わないのだと説明すると、奥さんは泣いたよ、どうだ、小出、複写機の在り場所を吐いてしまえよ」

情に訴えるように云ったが、小出は、ぐうっと耐えるように唇を引き結んだ。部長刑事は、つとたち上り、小出のそばへ寄ると、

「小出、奥さんは喋ってくれたよ」

こうして妻の実家に隠してあった、防衛庁の極秘文書をコピーした複写機が見つかって

しまいました。こういうときには、どうすればいいか。警察はプロですから、素人である奥さんなど、ひとたまりもないに決まっています。逮捕されるとともに、家族にもしばらく身を隠させるよう、処置をしておくべきだったのです。

とはいえ、まだゲームセットではありません。複写機が出てきたとしても、コピーした書類そのものが見つからなければ、犯罪の証拠にはならないからです。したがって「嘘だ！　でたらめだ！」などと騒がず、「黙秘します」「黙秘する理由も黙秘します」と口をつぐんでしまえばいいのです。

そこまで頑張れば、会社はある程度の面倒を見てくれるでしょう。しかしここで自供してしまえば、すぐに切られて終わりです。まさにここが勝負どころでした。

「複写機が出て来ても、まだ吐かんのなら、君に一つ新事実を教えてやろう、今朝、松本航空機部長を参考人として呼んで、話を聞いたところ、君が必死になってかばう会社の部長は、私は何も知りません、当社としてはそんな違法で危険なことまでしなければならぬ業務上の必要は、何らありません、したがって、すべて小出が独断でやったことで、逆に会社は迷惑を蒙《こうむ》っているという云い方からはじまって、君の性格上の欠点まで

云いたい放題で、聞いているこっちが、義憤を感じたぐらい卑劣な奴だ、そんな奴でも、お前はまだ本気でかばうのか！」

憐れむように云った時、小出はむらむらとこみ上げて来るものを押さえきれず、

「いや、松本さんじゃない、悪いのは壹岐だ、あいつが〝影の航空機部長〟だ、すべてあいつの指図だ！」

壹岐の名前が、口をついて出た。

なぜ小出は頑張りきれなかったのか？　それは彼の中に組織への不信、さらには壹岐への強い反感がもともと伏在していたからです。しかし、取調べを受けるほどの危機状況において、そうした感情を爆発させるのは最も「やってはならない」ことでした（もちろん警察はそれを分かっていて攻めてくるのですが）。つまり、先に紹介したクライシスに直面した人間の四つのタイプで言えば、小出は家族を守るという、②の〈やるべきことをまったくやらないか、不十分にしかやらない人〉であり、③の〈やってはいけないことをやる人〉となってしまったのです。

小出の壹岐に対する憎悪は根深いものでした。

「なに、壹岐？　そいつのことをもっと喋ろ」

と云うと、小出は蒼白な顔を引き吊らせ、

「一介の嘱託《しょくたく》のくせして、社長や常務と直結して、すべてあいつの提案でものごとが決まり、自分自身は危ない橋を渡らず、危ない仕事はみんなこっちに押しつけ、その上、こっちが苦労して取ってきた極秘資料は、すべてあいつが吸い上げて、どこかへ保管してしまう、今度だって、あいつの差金で、グラントの価格見積表と兵装品目のリストを取ってコピーし、それをアメリカのラッキード社へ送って、ラッキードの値段を下げさせて、機種決定を逆転させるという仕組で、この間のラッキードの社長の来日も、それぶくみの演出だ！」

今までの壹岐に対する憎悪が一挙に堰切るように、小出は、喋り出した。

「よし、壹岐というのを、すぐ参考人として召喚だ」

部長刑事は、色めきだつように云った。

こうしてみると、壹岐は商社においても「参謀」であり続けたことがよくわかります。

すべての作戦を指揮しているくせに、身分はあくまで嘱託で、形のうえでは「意見具申」に過ぎず、自分は手を汚すこともなく、責任も取らない――。小出の告発は、壹岐の本質を言い当てているといえるでしょう。しかし、それを口に出してしまうことは、小出自身のサバイバルにとっては致命的なマイナスとなってしまいましたが。

ちなみに、こうした絶体絶命の危機に追い詰められたとき、本当に頼りになるのは誰でしょうか？　どんなに親しくしていても、会社の上司や同僚をあてにしてはいけません。彼らは会社という組織の論理に拘束されているからです。

私の経験からいえば、最も頼りになるのは大学などの同級生、学生時代の友人です。大学が同じといっても、社内の学閥には何の意味もありません。そもそも会社における学閥は、弱者連合に過ぎません。本当の勝ち組は実力主義によって選抜され、結束しているからです。学生時代の友人がなぜ頼りになるかといえば、まだ人間関係が利害と無縁だったころのつながりだからです。損得のない状態で、さまざまな経験を共有し、互いの人物のみきわめもついている。不条理な嫌疑がかけられたとき、こいつがそんなことをするはずがない、という確信を持って支えてくれるのは、組織の外で培われた関係性なのです。

非常時限定の「三欠く」戦略

では、壹岐の運命に戻りましょう。参考人として警視庁に呼び出され、捜査二課長直々の聴取を受けた壹岐は、どのようにこの危機に対処したのでしょうか。

壹岐の脳裡を、ふっとシベリアの荒野がよぎり、来る日も来る日も、飢えと不眠でふらふらになりながら、戦犯の取調べのために監獄と内務省の取調室を往復させられ、一方的に作られた調書にサインすることを拒むと、直立の姿勢で寸分も体を動かせない箱に入れられる〝洋服ダンスの拷問〟にかけられ、意識不明に陥りながらも、なお頑張り通したことが思い出された。（略）

「いえ、実は今、シベリアでの戦犯の取調べのことが思い出されまして――」

「そういえば、あなたは十一年間、抑留されたのでしたね、大本営から終戦の特使として関東軍に行かれただけのことですから、そのまま帰って来られる身であるのに、関東軍と行をともにし、節を曲げず頑張り通されたことは敬服します、それだけに私は、あ

なたほどの人が、防衛庁から機密文書を漏洩させた上、米国の企業へ渡すような無節操なことをなぜ指示されたのか、遺憾でなりません」

二課長はことさら、心外そうな口調で云った。その一語一句が、壹岐の臓腑を容赦なく突き刺したが、無表情で黙した。

「壹岐さん、なぜ黙っているのです」

壹岐の心の中に、赤黒い血が噴きあげているのを見すかすように、二課長は声を強めた。

「ご質問ではないと思いましたので、敢えてご返答しませんでした、只今、おっしゃったどの点について、お返事すればよろしいのでしょうか」（略）

「入社間もない一介の嘱託の私には、お話することなど何もございません」

壹岐は、二課長の眼をまっすぐ見詰め、いささかの悪びれる様子もなく、云いきった。


ここで壹岐はまさに④の「やってはいけないことをやらない」戦術に出ます。小説では壹岐は二課長のことばに動かされているように描かれていますが、本当にそうでしょうか。

私は、壹岐はもっと非情な人間であると思います。彼がシベリアの取調べを思い浮かべたとき、単に極限状況を生き延びたことを思い出して気合を入れなおしたのではなく、関特演への関与を隠し通した体験をもう一度反芻《はんすう》したのではないでしょうか。過去に経験した危機から、いまの状況に類似するものを探し、的確に応用する。このクライシス・マネジメントの能力が、壹岐と小出の運命を決定的に分けたのです。

夏目漱石は『吾輩は猫である』の中で、「義理をかく、人情をかく、恥をかく――これで三角になる」と書いていますこれはお金を貯める秘訣として述べているのですが、実はクライシス・マネジメントにも応用することができます。恩義のある人を裏切り、感情を殺し、嘘つき、裏切り者とそしられる恥辱も厭わない。こう居直ることができれば、かなりきわどい局面もしのげるかもしれません。

ただし、この「三角＝三欠く」戦略が使えるのは、生き死にに関わるようなクライシスだけです。それ以外で使ってしまうと、誰も支持してくれなくなり、組織からも見放されることになります。

人生において、クライシスと呼べる事態にはそんなに何度も遭遇しません。入学試験や入社試験に失敗したり、会社でトラブルに巻き込まれるのは、ほとんどリスク・マネジメントのレベルです。そのときにはダメージを予測して、誠実に対応するという日常的な対処法で十分です。

組織がクライシス・マネジメントに立たされ、組織自身を守ろうとする際には、個人を切り捨てます。たとえば小出のような末端の人間にすべての責任をかぶせることによって、会社の生き残りをはかろうというわけです。いわば組織版「三欠く」戦略です。ただしこれをリスク・マネジメントのレベルで行なってしまうと、組織のほうが壊れます。

壹岐のクライシス・マネジメントで学ぶべきは、自己防衛がそのまま組織防衛に通じる方策を探り当てていることです。小出のような枝葉は切り捨てても、会社という幹は切らない。単に自分が生き延びるだけではなく、日常に復したとき、組織内での存在をさらに大きくする道筋をきちんと読み抜いている。これが敗戦という最大級のクライシスを生き抜いた参謀のサバイバル能力なのです。

第四章　忠臣蔵と複合アイデンティティ

近代組織の三つのルーツ

この章では組織とアイデンティティの関係について論じたいと思います。危機に直面した際、何に基づいて自分の行動を決するか。これはなかなか難しい問題です。たとえばあなたの会社で大規模な不正が行なわれ、これが明るみに出たら、ダメージははかり知れないとします。しかし、その一方、この不正を放置しても会社はボロボロになってしまう。そのときに、あなたはどういった態度を取るべきか？　これには人によって答えはそれぞれでしょう。そもそも会社におけるポジション、コミットメントの度合いが、同じ社員でもまったく異なるからです。

この章では、これを「複合アイデンティティ」の問題として捉えたいと思います。アイデンティティはよく使われる言葉ですが、もともとは心理学用語で、普通、自己同一性と訳されます。簡単にいえば、自分とはこういう存在である、という自己認識の核となるものです。

しかし、実際には個人のアイデンティティはけっしてひとつではなく、いくつもの要素から成り立っています。

たとえば私は、母が沖縄の久米島出身ですから、沖縄のアイデンティティをもっています。北方領土問題について語るときは日本人としてのアイデンティティしかありませんが、沖縄の基地問題の話になれば、沖縄のアイデンティティが顔を出します。宗教の話になれば、キリスト教徒のアイデンティティがメインになります。

こうしたさまざまなアイデンティティのうち、何を軸にするかによって、同じ個人であっても、結論はまったく変わってくるのです。特に所属している組織が危機に直面したとき――存続自体が危うくなったり、深刻な機能不全に陥ったりしたとき――、個人としてどのように行動するかは、その人がどのアイデンティティに重心を置くかにかかわってきます。

ここまでやや抽象的に述べてきましたが、実は『忠臣蔵』とは、この複合アイデンティティをめぐる問題を論じるうえで、非常に示唆に富んだケーススタディなのです。

さて、『忠臣蔵』の具体的なストーリーに入る前に、もう少し予備作業をしておきましょう。それぞれの国の文化には、それぞれの祖型というものがあります。西洋の組織の場合、それはキリスト教会に求めることができます。

一口にキリスト教の教会といっても、教義や宗派によってその組織形態は異なります。現在、私たちが所属しているような、さまざまな近代組織は、実は遡ると、キリスト教会の三つのパターンに行き着くのです。

第一が監督制です。これは上意下達のヒエラルキー構造になっています。トップの決めた価値観やルール、儀礼などに、末端までが従います。ローマカトリックがその典型ですが、正教会、ルター派、イギリス国教会も、この監督制をとっています。組織力がありますが、所属している個人には、裁量権は基本的にありません。トップが判断を間違えた場合は、組織全体が間違った方向へ進んでしまいます。いまの官僚組織や企業組織、ことに大企業のほとんどはこのパターンでしょう。なかでも銀行などはこの監督制的な拘束のきつい組織といえます。

ちなみにカトリックの神父は独身でなければならず、正教会でも幹部は独身です。その理由は簡単で、それだけ強い権力を持っているからです。権力が強すぎて、世襲なんかさせたらとんでもないことになる、というわけです。プロテスタントの牧師が妻帯可なのは、これからみるように、それだけ権力が強くないからです。

第二が長老制です。これはプロテスタントのカルヴァン派（長老派、プレズビテリアン）

の組織形態で、教会員の互選などによって長老を選び、彼らの合議によって、機関決定を行なう仕組みをとっています。つまり、議会制の原型ですね。この方式の強みは、長老選出のプロセスを通じて全員が意思決定に参加できることです。それによってコンセンサスを作り上げていきますから、決定されたことに対するコミットメントも強い。ただし、内部で意見が割れるリスクを常に抱えることになりますし、意思形成に時間がかかるという難点もあります。議会、労働組合や農協、生協などの協同組合、それから大学などは、この長老制のパターンに属します。

そして第三が会衆制です。プロテスタントのなかでもピューリタンの一部、バプティスト教会などがこの形を取ります。独立している個人が集まって、ともに教会を作り、会衆（教会員）による直接選挙で、役員を選びます。そして役員会が牧師を招聘《しょうへい》します。個々の教会の独立性が強く、同じ宗派といっても拘束は緩く、その結びつき方はいわば親睦団体的です。いってみれば、町内会や商店街などは、この会衆制に近いでしょう。会衆制では、個々人の自由な発想を生かすことができますが、その反面、組織内で対立が発生したときには収拾をつけるのが難しい。より上位の仲裁機関や、対立を調停する強いイデオロギーがないからです。

たとえば大学の運動部ならば、先輩後輩の上下関係も決まっており、部長、監督、コーチといった上位者もいるために、問題が起きても、ただちに解散とはなりません。それに対して、仲良しサークルでは部の規則もなく、上位者もいませんから、些細な揉め事でも分裂、解散に至りやすい。これが監督制と会衆制の差です。

さて、では日本の組織にとって祖型とみなしうるのは何でしょうか？　私はやはり近世以降の日本の組織のおおもとのひとつは、二百五十年以上も続いた江戸の藩に求められると考えます。

藩という組織は、トップに殿様がいて、その下には家老以下の重臣が並び、いくつかの階層に分かれて武士たちが統治を担当します。殿様は世襲で、能力による選抜ではないため、実権を握るのは往々にして家老以下の重役たちとなり、しかも現場の声も無視はできない。人事は基本的に家格と年功序列、しかも武士たちの役職も子孫に引き継がれますから、終身雇用よりも安定的な世襲雇用です。まさにかつての日本的経営のイメージそのままといえる。代々の藩主にあたるのがオーナー経営者の一族、家格に相当するのが学歴ということになります。

『忠臣蔵』が、近代以降の日本人にも愛されてきた理由のひとつは、この組織形態の類似性にあると思います。トップが不祥事を起こし、突如、会社は倒産してしまう。そのとき、職を失った社員たちはどうするか？　まさに江戸版『プロジェクトX』です。

「主君の無念」より「お家の再興」

では、具体的に『忠臣蔵』のストーリーをみていきましょう。忠臣蔵の物語と歴史的事実には少なからぬ相違があります。そこで山本博文東京大学教授（日本近世史）が書いた『これが本当の「忠臣蔵」　赤穂浪士討ち入り事件の真相』（小学館101新書）を参考にしながら、一連の流れをみていきたいと思います。

基本となる史実は、以下のとおりです。

元禄十四（一七〇一）年三月十四日、赤穂藩主だった浅野内匠頭長矩《ながのり》が、江戸城内の松の廊下で、高家筆頭吉良上野介義央に斬りかかります。吉良は額と背中に傷を負いますが一命をとりとめ、浅野は即日切腹を命じられます。その結果、浅野家は断絶となり、藩士たちは浪人となってしまいます。

それから一年九カ月後の元禄十五年十二月十四日、元家老の大石内蔵助良雄率いる赤穂藩の浪人四十七人が、吉良邸に討ち入り、吉良を殺害します。赤穂浪士は翌元禄十六年二月四日に切腹に処されました。

この事件は江戸の人々を熱狂させ、数多くの芝居や物語が作られますが、なかで最も有名なのは寛延元（一七四八）年に初演された『仮名手本忠臣蔵』でしょう。

少し前までなら、『忠臣蔵』といえば日本で最も知られている物語であり、そのあらすじを説明する必要などなかったでしょう。しかし、近年ではそんな思い込みは通用しません。私が教えているすごく優秀な学生に『忠臣蔵』の話をしたら、「これはどう考えても、人にものを教わってもお礼もしないで、恥をかかされたと斬りかかる境界性パーソナリティ障害の殿様と、公の裁定が下ったにもかかわらず、徒党を組んで老人一人を殺害するという反社会性パーソナリティ障害のテロリスト集団の話ではないでしょうか」と言われました（笑）。私もその学生の意見には一理あると思います。では、なぜそんなストーリーが江戸の人々を熱狂させ、昭和、平成に至るまで数え切れないほどの芝居や映画が作られたのか、そこを解き明かしていきたい。

そもそも、なぜ、このような異常な事件が発生してしまったのか。山本さんは当時の資料を引きながら、こう説明しています。

内匠頭の刃傷の原因については、尾張藩士朝日重章が、その日記『鸚鵡《おうむ》籠中記《ろうちゅうき》』に詳しく書いている。

上野介は欲が深く、諸大名は賄賂を贈って、いろいろ教えてもらっていた。赤穂藩の江戸家老は、主君（内匠頭）へ賄賂を贈るよう進言したが、内匠頭は、「賄賂など贈ってへつらうことはない」と贈らせなかった。内匠頭には、以前にも饗応役を勤めたことがあり、当時の記録などを使えばうまくいく、という自信もあったのかもしれない。前回の饗応役は、天和三年（一六八三）、一七歳のときだった。

すると上野介は、必要な知らせなどもしなくなり、内匠頭は失敗することが多くなった。そのうえ、上野介は老中の前で、「内匠頭殿は万事不調法で、言うべき言葉もない。公家衆も御不快に思われている」というようなことを言上した。同席していた内匠頭は逆上して座を立ち、その直後、松之大廊下で刃傷におよんだというのである。

朝日がどのような情報をもとにこれを書いたかは不明だが、もしこのとおりなら、内匠頭が怒るのも当たり前に思える。（略）

ただし、上野介は官位は高いが、石高はわずか四二〇〇石の旗本である。そういう者

に対して、裕福な大名が教えを受けようとすれば、それなりの礼をするのは当たり前のことだった。江戸時代の慣行として、人にものを教わったときにそれ相応の礼をするのは当然のことで、これを賄賂とはいわなかった。だから、上野介が諸大名から贈り物を受けるのは、悪いことではなかったのである。

『鸚鵡籠中記』は昭和四十年代に公開されるようになったもので、元禄当時に書かれたものです。ニュースソースは不明ですが、リアルタイムでの武士の社会で流布していた「説得力のある伝聞」が記されていると考えていいでしょう。

それにしても異常な事態であることは間違いありません。どんな物事にもローカルルールがあり、それに精通している人物がいます。吉良は浅野の礼法指南役でした。指南役に対する相応の礼が江戸社会のマナーであり、ルールだったとすれば、それに反する振る舞いを行なったのは浅野のほうだといえます。赤穂藩の石高は五万石ですが、新田開発や塩田からの収入もあり、裕福な藩でした。浅野は十分に経済的な余裕があるのに礼をしないということは、吉良を軽んじ、無視したことになる。吉良の腹立ちももっともです。

山本さんは〈この噂のとおりだとすれば、赤穂藩の江戸家老たちが刃傷事件が起こったことを聞いて、「だから言わないことじゃない」と思い、遺骸の受け取りに行かなかった、というのもうなずける〉と述べています。

さらに、浅野には、当時の価値観に照らして、もうひとつの落ち度がありました。これは現代の私たちには気づきにくいのですが、武士としての名誉にかかわる問題です。

ひとたび刀を抜けば、とどめを刺さなければならないというのが当時の武士の行動原理でした。傷を負わせただけで取り押さえられるなど、戦闘者としての武士にとっては恥辱だとして浅野は批判されたのです。

こうしてみると、『忠臣蔵』は「いわれのない侮辱を受け、一方的に切腹を申し付けられた主君の無念を晴らすために、艱難辛苦、立ち上がった忠義の人々の物語」ではどうもなさそうです。むしろ「切れやすい上司が暴走し、壊滅に追い込まれた組織がさまざまな再生の道を探る物語」と捉えたほうが実情に近い。むしろ『忠臣蔵』は組織論で捉えるべき物語だといえます。

異なる「忠義の対象」

主君の切腹とお家取り潰しという最悪のアクシデントに直面して、部下たちはさまざまな対応をはかろうとします。そのなかで生じたのが、深刻な路線対立でした。

吉良には何の咎《とが》めもなく、浅野だけが処分させられたことを不服とする急進派の堀部安兵衛らは、幕府の決定を受け入れたうえでお家再興の道を模索すべきという江戸家老の安井彦右衛門らと対立します。では、急進派が忠義で、江戸家老たちは不忠かといえば、そうではありません。忠義の対象が異なるからです。

山本さんの解説を引用しましょう。

江戸家老の安井彦右衛門と堀部安兵衛では、主君内匠頭に対する考え方が大きく異なった。

これは、主従関係を考えるうえで、大変重要な違いである。主従関係を、家を中心として考えれば、内匠頭は主君のひとりであり、内匠頭が死ねば次の主君に仕えればよい、

ということになる。代々その家に仕える家老などは、そう考える者が多い。

しかし、主従関係は、「現在の主君と自分との個人的な関係」だと考えれば、主君が死ぬと、主君のあとを追って腹を切る殉死などということも起こる。そういう家臣にとっては、主君が恨みを残して死んだのに、それをそのままにしておいて新しい主君に仕えることなどできない、と考えても当たり前なのである。

堀部安兵衛はもともとは新発田藩の出身でしたが、父の代で浪人となり、江戸に出て、剣術の道場で腕を磨いていました。それが同じ道場の門人の仇討《あだうち》を助けたことが評判となり、赤穂藩士、堀部弥兵衛の養子となります。そのため浅野家の家中においては「新参」（外様の家臣）という立場にありました。この堀部との養子縁組を認めたのが浅野長矩で、安兵衛は長矩に個人的な恩義もありました。

一方、江戸家老である安井の忠誠心は、赤穂藩＝浅野家を対象としています。これは官僚の忠誠心と似ている。官僚にとって忠誠の対象は、大臣個人ではなく、政府や自分の官庁といった組織です。安井もそう考えたとすれば、彼にとっての長矩は、官僚たちからみた失言大臣のようなもの。むしろ組織のダメージを最小にすることが目的になります。

ここで複合アイデンティティの問題が浮上します。赤穂藩士／浅野家家中のメンバーとしての組織人的アイデンティティ。長矩という殿様個人に仕える家来としてのアイデンティティ。さらには彼らが属する身分である武士としてのアイデンティティ。もちろん、これらはけっして互いを排除するものではありません。

たとえば安井も堀部も、武士としての面目が重要であることは変わりがありません。ただ江戸家老として、組織志向の強い安井にとって、長矩の養子である浅野大学を立てて家を再興することが忠義であり、武士の面目でもあります。それに対して、組織の周縁部に属し、長矩の家来という自己意識が強い堀部は、主君の恨みを晴らすことが、武士としてのメンツを守ることだったのです。さらに堀部には、仇討によって名を上げたという成功体験もあります。赤穂藩では新参に過ぎない堀部が急進派の中心的存在となったのは、この成功体験の威光も大きかったはずです。さらに長矩との個人的な関係の比重が高かったメンバーとしては、側用人だった片岡源五右衛門、礒貝十郎左衛門などが挙げられます。

何を忠誠の対象とするかは、ときに組織に決定的な亀裂を生じさせます。その最も有名な例のひとつが、昭和十一（一九三六）年に起きた二・二六事件です。この事件を起こした青年将校たちには、自分たちが君主である天皇に叛旗を翻しているという意識はありませんでした。「君側の奸」＝天皇と国民を分断している重臣を排除すれば、陸軍上層部は自分たちの主張を取り入れ、天皇もそれを支持するだろうと考えていたのです。青年将校たちは、主観的には天皇個人に忠誠を誓っていたわけです。一方、天皇からすれば、最も信頼する重臣たちを次々に殺害する行為は、君主である自分に対する攻撃にほかなりません。そして天皇によって鎮圧命令が下され、青年将校らは「反乱軍」とされたのです。

二・二六事件の首謀者のひとりで、自分は日本第一の忠義者であると唱えていた磯部浅一は、事件後、獄中で記した手記で、こう記しています。

〈毎日朝から晩迄、陸下を御叱り申して居ります、天皇陛下　何と言ふ御失政でありますか、何と言ふザマです、皇祖皇宗に御あやまりなされませ〉

つまり、自分の観念のなかの「あるべき天皇」に忠誠を誓うために、現実の天皇を否定するに至ったわけです。こうなると実際には、天皇への忠誠ではなく、自分の観念への忠誠に変容してしまっています。

しかし、実はこれはそれほど奇矯《ききょう》な事態ではありません。たとえば官僚のいう「国家のため」が、実際には「省のため」や「利権のため」だったり、上司が「会社のため」と口にするときは、結局、上司自身の保身のために過ぎなかったりすることは、みなさんも日常、よく体験することでしょう。

大石の桃太郎型リーダーシップ

組織が崩壊すると、当然のことながら、それを構成するメンバーの意識もバラバラになります。江戸時代に取り潰しになった藩はいくつもありますが、赤穂事件のように、元藩士たちが結束して異議申し立てを完遂したケースはほとんどありません。その難事を実現にまでもっていったのは、やはり筆頭家老でもあった大石内蔵助のリーダーシップでしょう。

大石のリーダーシップは、私の考えでは桃太郎に似ています。昔話の桃太郎はきわめて優れたリーダーです。よく「犬猿の仲」というようにイヌとサルは仲が悪い。キジにしたところで、イヌともサルとも近しい間柄だとはとても思えません。この三匹をきび団子という大して価値のない利益誘導によってまとめ上げ、リスクの高い鬼退治に同行させる手腕は卓越したものがあります。

よく考えてみると、鬼ヶ島の鬼は桃太郎にもイヌ、サル、キジにも直接危害は加えていません。鬼の下に蓄えられている財宝も、桃太郎の村のものとは限らない。桃太郎は、いわば風評に基づいて、勝手に攻めて行き、散々にやっつけたわけです。イラク戦争の米軍みたいですね。さらにどこに帰属すべきかわからない財宝を略奪しています。桃太郎がやったのは、鬼が村の財宝などを略奪する侵略勢力だというフレームを構築したこと、それにイヌ、サル、キジという部外者を巻き込み、村自体にはダメージを受けないかたちにしたことです。そして、おそらくはイヌ、サル、キジといったアイデンティティもモチベーションも異なる部下に対し、個別に対応できるハイブリッドな能力を、桃太郎は持っていたのではないでしょうか。

私が、大石は桃太郎的リーダーだというのは、そのハイブリッドな姿勢です。長矩の無念を晴らす、武士としての面目を立てる、浅野家の再興を願い出る、など、それぞれ位相の異なる目標を持ち、アイデンティティの比重も違う遺臣たちを、どのようにしてまとめあげたのか。それは大石自身がこうした複合アイデンティティを内包していたからでしょう。そして、時と相手に応じて、その複雑なアイデンティティを使い分ける能力を持っていた。

物語の『忠臣蔵』における大石は、浅野家の遺臣が仇討を企てているのではないかという疑念を寄せられると、祇園で派手な遊びをおこなったりする、本心の摑みにくい人物です。しかし、それでいて同志たちからの、家老は自分たちのことを考えていてくれる、いつかは恨みを晴らしてくれるという信頼は維持し続けた。これは相当に難しい作業です。メンバーそれぞれに対応して、あるときは強硬派、あるときは慎重派と、いわば別の顔を見せていく。しかし、あまりにも極端に態度を変えてしまっては、今度は「裏表のある奴」と認識され、その誠実性を疑われてしまいます。

大石の優れたところは、さまざまなモチベーションを持つ遺臣たちが最終的に合意できるおとしどころはどこか、という点を、外部の反応をはかりつつ、時間をかけて固めていったところです。

そのおとしどころとは、「武士の筋」という大義名分でした。

人は意外と利害では動かない

元禄十五（一七〇二）年十二月十四日、吉良邸襲撃を成功させた赤穂浪士たちは、泉岳寺にある浅野長矩の墓に、吉良の首級《くびじるし》を供えます。彼らの身柄は、幕府によって、泉岳寺の近くに屋敷を持つ熊本藩、松山藩、長府藩、岡崎藩に分散して預けられます。

そのときの大石たちの様子をみてみましょう。


泉岳寺の住持は、赤穂浪人たちに好意的だった。彼らに粥を振る舞ったあと、「当寺は禁酒だけれども、今朝は殊に寒いし、特別な日ですから」と酒まで出している。

大石内蔵助は、とりあえず断わったが、ぜひにと言われて、みんなで酒宴に興じている。酒宴の給仕の者が、「上野介様御父子様のお働きはいかが」と聞いたとき、大石は「御父子様はずいぶん見事なるお働きでございました。そのほか、御家来衆も、恥ずかしくない働きがありました」と答えている。武士として、相手を思いやり、相手の働きを称えることを忘れていないところが注目される。

吉良上野介は主君の仇《かたき》ではあったが、戦いが終われば、相手の戦いを称えるというのが武士の礼儀だったのだろう。それに、大石は、左兵衛〔十八歳の吉良家の養子〕はもちろん、上野介に対しても私怨があるわけではなかった。亡君の恨みを晴らすというより、武士の筋を通したというのが、討ち入りの本質なのである。

大石は「武士としての筋」に、浪士たちの目的を収斂《しゅうれん》させていきました。主君が諍《いさか》いによって命を落とした以上、これは戦いである。臣下はその戦いを引き継ぎ、完遂する義務がある。それによって、自分たち（浅野長矩も含む）の名誉を、正しく歴史に残すことを目的としたわけです。

そうであれば、敵である吉良を貶《おとし》める必要はありません。相手の名誉を高めるほうが、自分たちの名誉も高まる。この段階では、もはや長矩がいかなる恨みをもっていたかなどは、問題にされていません。「名誉をめぐる戦い」にステージを上げてしまうことで、長矩の失敗、私怨を解消する。それが大石の戦略でした。

もちろん、ここには武士という階層特有の価値観が反映されています。名誉という価値は、武士のアイデンティティの根幹をなすものでした。それを象徴しているのが「切腹」です。打ち首は刑罰であり、武士としては大きな恥辱です。それに対して、切腹は幕府や藩によって許される、名誉ある死に方でした。浪人として野垂れ死にしても、何の名誉も得られませんが、切腹によって最期を全うできれば、武士として名を残すことができる。これは浪士たちにとっての個別利益でもあったのです。

ちなみにこの時代の切腹はかなり形式化が進み、腹に脇差をあてたところで、介錯人が首を斬り落とすやり方が一般的になっていました。赤穂浪士も数人を除いては、脇差を手に取ったとき首を落としたともされています。

実は、集団を動かすとき、ぎりぎりの局面では、大義名分は非常に重要な要素になります。本当に大事な決断をするとき、人は意外に利害では動きません。たとえば役員会で社長に造反すると決めるときに、「成功したらポストを用意する」と言ったのではなかなか人は動かない。その会社の名前を出して、「○○の社員としてそれでいいのか？」という言い方のほうが、相手は乗ってきやすいという面がある。理屈の力、大義名分の力をけっして軽視してはいけません。

「処分の論理」に迷う幕府

最後に、この討ち入りに幕府はどのように対応したかについてみていきたいと思います。これまでは赤穂藩という組織が物語の舞台でしたが、もともとの発端は、幕府による浅野長矩の処分にあったわけで、討ち入りをどう処置するかは、幕府の姿勢そのものが問われることになってしまう。その意味で、赤穂事件をめぐる幕府の議論は、組織論としても非常に面白い。
それというのも、大石たちの立てたストーリー、武士の筋を守るための戦いという大義名分が、まさに当時の武士の価値観に響くものだったからです。

幕府でも、報告を受けた筆頭老中の阿部豊後守正武が、老中の会議で、「このような節義の武士が出たのは、まさに国家の慶事である」と賞賛したらしい。老中のなかには、感動して涙を流す者もいたという。

このとき、世論の大勢は、赤穂浪士支持なんです。前にも触れたように、泉岳寺のお坊さんまで彼らをねぎらっている。庶民からすると、太平の世に起きた大事件だというので、熱狂的な興奮が沸き起こって、浪士たちはヒーロー視されるのです。
その分、浪士らの処分は難しくなります。幕府内でもさまざまな意見が飛び交います。ある者が忠義の武士だと賞賛すれば、真実の忠義とはいえないと反駁する者、四十六人での討ち入りを、幕府が禁じる「徒党」にあたるという意見があるかと思えば、長矩切腹のあと赤穂城を素直に明け渡したのだから「徒党」ではないとの反論があったり、なかなかまとまらない。困ったのは時の将軍でした。

五代将軍徳川綱吉は、幕府の学問をつかさどった儒学者の林大学頭信篤に、赤穂浪人の吉良邸討ち入りについて、次のように聞いた。

「彼らの行動は、私《わたくしごころ》心から出ているものではなく、やむをえない気持ちからなしたものだ。もし、主君の復讐を許さないというのであれば、〝君父（主君と父）の仇《あだ》はともに天を戴《いただ》かず〟という古典の言葉にもとり、忠臣や孝子の心を傷つけることになる。彼らを誅《ちゅう》する（悪人を殺す）のは、法として適切なことなのだろうか」

しかし、林は、次のように答えた。

「彼らは、亡君の遺志を継いだものだが、天下の法を破ったことは間違いありません。これは道理に背くもので、これを捕らえて誅することは、国家の法を明らかにするものです。法のために誅されることは、彼らの心においても後悔することはないでしょう」

つまり、法に背いた以上は誅するべきであるというのである。ただ、林も、彼らが亡君の遺志を継いだ忠臣である、ということは認めている。だから、武士の礼として切腹を命じるのがよいと考えたのである。

綱吉は儒教を非常に重んじていました。だから忠誠心という倫理の問題が気にかかるのです。それに対して、儒者の林信篤のほうはドライに法の論理を説いている。儒教の本質は秩序の安定ですから、ぎりぎりのところでは、個人の心情的倫理よりも、組織の論理をとるわけです。

これに対して、非常に冷静な見解を表明したのが、有名な荻生徂徠でした。

側用人の柳沢吉保に仕えていた儒者の荻生徂徠は、「浅野が吉良を殺そうとしたのであって、吉良が浅野を殺したわけではない。だから、吉良は浅野の仇《かたき》ではない。浅野は、一時の怒りにかられて吉良を殺そうとして果たせなかった。これは不義である。彼らの行動は、主君の邪志を継いだものであって、義とはいいがたい」というユニークな議論を展開している。つまり、赤穂浪人の行動は、「浅野が切腹を命じられたことを逆恨みしたものだ」というのである。

徂徠は、結論として、「武士がその主君の不義を救うことができず、死をもって主君の不義の志を継いで吉良を殺したことは遺憾なことである」と批判する（『徂徠赤穂四

十六士論』）。

面白いですね。そもそも長矩は吉良が殺したわけではないから、仇討は成立しない、というわけです。すると、長矩に切腹を命令したのは、幕府であり将軍綱吉になりますが、それは正当な裁きだから、そもそも長矩が恨みに思うこと自体邪《よこしま》な志なのだと批判します。

林大学頭の見解だと、法と忠義ではどちらを取るかという問題が残ってしまい、儒学者なのに忠義を軽視するという苦しい立場に追い込まれるのに対し、徂徠は忠義のあり方が間違っているから成立していない、と脱構築したわけです。

結局、綱吉はどのような判断を下したのか。

綱吉は、なんとか四六人を殺さずにすむようにしたいと思っていた、という見方もある。彼は、元禄一六年（一七〇三）正月に、年賀に来た上野寛永寺の輪王寺門跡公弁法親王に、助命を嘆願してほしいと考えたらしい。最高の位にある僧侶が助命を嘆願してくれれば、法を守ったという立て前を崩さずに切腹を命じなくてすむからである。だが、

公弁法親王は、「四六人を助けたいのはやまやまだが、若い者が多いので、命を助けてのちに将来を誤ることがあればよくない」と考えて助命しなかったのだという。

これは、『徳川実紀』に書いてある話だが、真実かどうかは不明である。綱吉は将軍であるから、もし本当に助けたいと思えば、「忠義の武士だから命は助ける」と言えば、それで問題はなかったはずだからである。

綱吉がそうしなかったのは、幕府が、上杉家のことを考慮したからではなかろうか。もし四六人を許したら、武士の面子のために、上杉家の家臣が四六人の者をつけねらうかもしれない。それに四六人の行動は、綱吉自身が決断した「浅野内匠頭の即日切腹」という処分を批判するものにほかならなかったからである。

赤穂浪士の討ち入りを義挙と評価するなら、仮に、吉良に繋がる上杉家が報復を行なうことも容認するほかなくなる。それは幕府秩序の崩壊を意味します。さまざまな心情、価値観、論理が交錯した赤穂事件をめぐる議論は、最終的には組織維持の論理によって決したことになります。

「自己犠牲」の力

最後になぜ『忠臣蔵』は人々をひきつけるのかについて、改めて考えてみます。山本さんは『忠臣蔵』を次のように総括しています。

〈大石や堀部らではない〉その他大勢の義士たちの（略）手紙を見ると、討ち入りが「人としての務め」であって、残していく家族にいかに未練があっても、それは振り捨てていかなければならないものだった。すなわち、武士である以上、こうしたときには自分の命を捨ててもかまわないと考えたのである。（略）同志への信義を重んじ、命を捨ててそれに殉じようとしたのである。

『忠臣蔵』が人気がある理由として、主君の仇討ち物語だという点や、喧嘩両成敗という武士の「正義」を実現する幕府への抵抗行動の側面があることなどがあげられる。しかし、私たちが感動しているのは、そうした本質的な問題に対してではなく、何かの目標のために、命を捨てて行動する「自己犠牲の精神」があるという単純な理由からなのではなかろうか。

イエス・キリストになぜあれだけのカリスマ性があって、いまだにキリスト教が続いているのかと考えると、「自己犠牲の精神」に行きつきます。十字架の上で抵抗せずに死ぬことで、人類の罪を贖った。その自らを犠牲にする行為によって、人は感化を受けたのです。

人を動かすとき、最も力を発揮するのは、命令や強制でもなく、利益誘導でもありません、実はこの感化の力です。人の振る舞いをみて、影響を受け、自分も何かやらなくてはと思う。それは自発的な行為だけに強いのです。

人は、自己犠牲的な行動を取る人から感化され、動かされる。人を率いるためには、自己犠牲を厭わないこと。少なくとも自己犠牲を演ずること。これこそ人心掌握の要です。

このことを、裏返して考えてみましょう。もしもあなたの周りに、自己犠牲的に仕事に打ち込み、周りに気配りも欠かさない人間がいたら、その引力圏に引きずり込まれないように注意すべきです。その彼ないし彼女は、もしかすると大変に恐ろしい人間で、大石内蔵助のように、あなたを吉良邸に導き、気がついたら並んで切腹させられてしまうかもしれないからです。

この自己犠牲の構図は、実はブラック企業においても観察されます。ブラック企業は、従業員を脅しあげてブラック化するだけではありません。一生懸命に自分の仕事をこなし、睡眠時間も削り、チームや部下のために誠心誠意働いている上司がいると、「この人についていきたい」と感化を受け、自らブラックな働き方に突入していくのです。

あるいは、自己犠牲の究極の形のひとつに、自爆テロがあります。いま世界中でさまざまなテロが起きていますが、その担い手に大きな変化が起きています。かつてのように過激なテロ組織だけではなく、組織的には何の背景もなく、協力者すらいないローンウルフ（一匹狼）型が急速に増えている。これはまさに感化によるものです。メディアで自爆テロなどが報じられるのを見て、自分も一身をかけて何かしなくては、と思う。自己犠牲による感化は、それだけの力を秘めているのです。

第五章　軍と革命の組織学

どこまで価値観を内面化するか

この章では、組織の極限形として、軍隊を取り上げたいと思います。軍隊という組織の目的は、国家の秩序を守ることであり、国民の生命、安全、財産などを守ることです。そして同時に、その目的を達成するうえで妨げとなる存在の生命を奪うことも前提としています。つまり、日常生活では殺人や傷害などの罪に問われる行為が、軍隊においては肯定されることになるのです。そのために、軍隊のメンバーには、組織の価値観を高いレベルで内面化することが要求されます。そうでなければ、軍隊の目的が果たせないからです。

個人が組織の価値観をどれだけ内面化しているかに関しては、いくつかのタイプが考えられます。

まず①**同調型**。組織の価値観に染まり、自分と組織を一体のものとして考えるタイプです。渥美清が主演した『拝啓天皇陛下様』（野村芳太郎監督・一九六三年）という映画を観たことがありますか？　この映画の主人公は貧しい育ちで、軍隊に入ってはじめて腹一杯飯を食うことができたという人物です。彼にとって衣食住が保障され、風呂にまで入れる軍隊は天国のようなところで、古年兵からどんなにひどいリンチを受けてもその信頼は揺らぎません。もうすぐ戦争が終わるのではないか、という噂が出ると、自分だけは軍隊に残してほしい、と天皇陛下に手紙を書く、と言い出します。

これに対して、表面上は組織の命令に従っているが、内面では必ずしもそうとはいえないというタイプがあります。いわば儀礼として同調しているので、**②儀礼型**とします。このタイプは会社や役所にも少なくありません。反抗や不服従は行ないませんので、組織の運営上は同調型と同じように扱うことができます。しかし同調型と比べると、内面に葛藤を抱えることも多いため、前に述べた「組織の中の個人」の四つのタイプでいえば、〈ワーカホリック〉にもなりやすいといえます。

これに対して、組織からなるだけ逃避しようとする**③逃避型**があります。決められた仕事などをサボりがちな人たちです。〈マイペース〉にはこの逃避型と儀礼型とが交じり合っています。組織に余裕があれば、ある程度目こぼしされますが、余裕が失われると強制的に同調させるか、組織から排除されることになります。

組織の価値観との乖離《かいり》が激しくなり、不服従が目立ってくると**④反抗型**になります。非自発的組織、たとえば義務教育での小中学校や徴兵制の軍隊などでは、この反抗型が出現しやすい傾向にあります。本来、企業などは自発的にメンバーに加わる組織なのですが、〈バーンアウト〉までいってしまうと、反抗型に転じるケースもみられます。

難しいのは⑤**革新型**です。組織の現状に否定的である点では反抗型と似ていますが、この革新型は、その組織の価値観自体は素晴らしいと感じ、内面化もしているのです。しかし組織の現状には納得していません。「この組織はあるべき姿からは逸脱している。本来の姿にきちんと正すべきだ」と考えるタイプです。二・二六事件の青年将校などは、典型的な革新型といえるでしょう。このタイプは、組織内で恵まれたポジションに置かれている、いわゆるエリート層にも存在します。組織からみると、対応が最も難しい。放置しておくと、周囲のメンバーにまで感化を及ぼし、現状の秩序を破壊する可能性があるからです。

それでもまだ組織の目的、存在理由がはっきりしているときには、アイデンティティ・クライシスは起こりにくいといえます。革新型、反抗型、逃避型などの不服従グループも、コントロール可能な程度に抑えることができます。たとえば高度成長期の日本企業は、いまでいえばブラック企業並みの労働を要求していましたが、成長という目的を誰もが共有していたために、組織の維持は難しくありませんでした。

では、組織が目的を見失うと、どんなことが起きるのか？　そうした観点から読んでみたいのが、野間宏の『真空地帯』（岩波文庫）です。

「内務班」の力学

野間宏（一九一五〜一九九一年）は、京都帝国大学仏文科卒業後、一九四一年十月に、補充兵として大阪の歩兵第三十七聯隊歩兵砲中隊に入隊します。その後、フィリピンに増援部隊として派遣されますが、マラリアにかかり、野戦病院に入院後帰国。さらに左翼運動の前歴を問われて軍法会議にかけられ、大阪陸軍刑務所に収監、執行猶予で出所した後、ふたたび原隊である大阪の歩兵砲中隊に戻されるのです。

一九五二年に刊行された『真空地帯』には、こうした野間の軍隊体験が色濃く投影されています。そこで興味深いのは、敵と戦う戦場の軍隊ではなく、大阪の部隊の内務班を小説の舞台に選んだことです。内務班とは、軍隊のひとつの単位です。軍曹以下の兵隊は、兵営のなかに居住することに定められていて、自由に外出することはできません。百五十人程度の中隊は十数人から数十人の内務班に分けられ、食事も睡眠も、内務班ごとに割り当てられた大部屋で行なうのです。朝晩の点呼にはじまり、兵士の生活の場である内務班は、殴る・蹴るのしごきの場でもありました。

小説に描かれた内務班は、淀んだ空気が支配する組織です。戦況が悪化の一途を辿るなか、内地にあって、戦闘が想定されない軍隊だからです。誰が最前線に送られるのかという疑心暗鬼が渦巻き、兵隊たちは荒れています。エネルギーが内にしか向かわない組織では、しごきやいじめの構造が生まれやすいのです。

目的が見通せない組織は、冒頭の「組織の中の個人」でいえば、生産性はゼロかマイナス、やる気もゼロかマイナスという第三象限の〈バーンアウト〉になります。こうした組織の下にいる兵隊たちは、儀礼主義的に軍隊の日常と付き合うか、逃げることを考えるか、あてもなく反抗するかになってしまいます。長引く不況のなかにある企業も、これに似たところがあるかもしれません。バブル期のCMではありませんが、「二十四時間、戦えますか」という価値観を内面化している人は、いまやほとんどいないでしょう。いたとしても、あっという間に〈バーンアウト〉になるはずです。

陸軍いじめの構造

『真空地帯』の主人公、木谷は、上官の財布を盗んだ罪（これは冤罪なのですが）で二年三カ月服役したあと、仮釈放となり、上等兵から一等兵に降格されて大阪の中隊に原隊復帰させられます。先にみたように、野間自身の経験を反映した設定です。もうひとり、木谷を観察する視点となるのが、中隊事務室で人事掛の事務補助をしている、大学卒でマルクス主義に関心を寄せるインテリ、曽田一等兵です。この曽田も、作者の一部を投影した人物といえるでしょう。曽田は、激しいリンチや制裁がまかり通る軍隊のことを、一般社会から隔絶された「真空地帯」だと表現します。

刑務所帰りの木谷は、部隊でも厄介者扱いされています。そんななか、この連隊から一部の兵員を選んで南方へ送ることになり、人選を進めています。太平洋戦争末期ですから、それは生きて帰れないことを意味します。はじめ木谷の名前は名簿になかったのですが、人事担当の准尉は、名簿を作りかえて、木谷を南方送りにすることを決めます。人事係助手の曽田はそれを知って悩みます。

准尉が帰るとすぐ曽田は陣営具倉庫からとびでて二階へあがって行ったが、考えてみるともはや木谷を救う道はないのである。明日曽田は朝はやく准尉から転属者名簿の一部変更を申し渡されるだろう。すれば曽田たちは一日がかりで、また書類のつくりかえをやらなければならないのである。曽田はこれまで何度かこの書類のつくりかえのために泣かされてきた。一日中机に向ってかきつづけても名簿のつくりかえというものはそれほど簡単に行くものではない。（略）すると曽田は今度はあの木谷の名前をかき込まなければならないのである。そしてその手続きが完了すれば、木谷は輸送指揮官の手にわたり、輸送船の船底にほうりこまれる。しかし曽田にはその書類の作成をこばむということは不可能である。

現代で言えば、曽田は究極のリストラ人事の末端を担わされたといえるでしょう。しかもこの変更には上司の作為が見え隠れします。木谷に同情的な曽田は、木谷がどんな反応をするか、思いをめぐらします。

木谷はもっと別の方法を取るかもしれない。そしてそれは逃亡である。木谷が逃亡を考えるということはありうることなのだ。いや、きっと木谷は逃亡するだろう。勿論現在軍隊を逃亡してにげおおせるということは非常に困難なことだから、逃亡後彼はおそらく逮捕されると考えるほかないが、それにしても彼はそれによって野戦行きをまぬかれることはできるのである。

日本では、逃亡兵は捕まると陸軍刑務所に入れられます。そうすると、少なくとも命だけは助かるのではないか、というのが曽田の期待です。

ちなみにソ連軍では、収容所などに入れてくれません。食費がかかるからです。銃殺か、シュトラフバットという懲罰部隊に入れられます。その部隊では、階級章をはがされ、最もひどい食料で最前線へ送られて、地雷原を駆け抜けるというような過酷な任務を与えられます。後ろには自国軍がいて、一歩でも下がれば撃たれます。地雷原を抜け、最前線の敵陣を突破して生き残るか、味方に撃たれて死ぬか、という選択です。日本には、そういう種類の囚人部隊はありませんでした。

そこにもっとミクロな問題が生じます。しかし、大きな目的を見失った組織では、些細なことこそが大問題になるのです。

木谷について考えている曽田に声をかけてきたのは、教育係として初年兵などをしごいている地野上等兵でした。


「曽田シャン、曽田シャン……一寸、きてくださりませんでしょうかな。」

「なんですか、上等兵殿。」曽田は向うへは行かずにそこから言った。

「曽田シャン……また、今ばん不寝番につけてもろうておりますけど、かえてもらうというわけにはいきまへんやろかな……」

「そら、一寸、無理ですよ、不寝番は勤務表の統計をみてつけるわけですよってね。」

「そんなことはわかってるがな、そやよって、頼んでるんやないか……。それにこの俺を五番立ちとはひどいやないか……」地野上等兵の調子はすでにかわったが、しかしまだそれはどこかに甘さをふくんでいるものだった。


中隊では、消燈後、交代で見張りを立てることになっています。五番立ちというのは、その日の交代の順番が五番目ということで、それが嫌がられるのは、みんな自分の番を少しずつ短くしてしまうからです。決められた時間よりも少しだけ早めに「はい、次」と交代していくと、五番目の不寝番は規定よりもかなり長く歩哨を務めなければなりません。こうした揉め事も、ある意味で目的の喪失と関連しています。戦闘のない内地だから、見張りの意味も薄らいでいるのです。

地野の強引な交渉は、やがて木谷への中傷に飛び火します。

「しかし、それは、やはり順番やよって……」

「それをかえてくれ、いうてるのやないか……。曽田、俺のいうことが、そないにきけんのかよ。順番、順番て、きさま、ほんまに順番どおりつけてるかよ。え、この班には、まだ不寝番にも厩当番にも使役にもつかんやつがいるやないか……。おい、順番通りやいうのやったらなぜ、あの監獄がえりを不寝番につけんのや……」

「だれです？　一体だれのことをいうてるんです？　そんなもんはうちの班にはいないですよ。みんな順番通り勤務につけていますよ。」

「だれのことや？　とぼけるや。曽田。監獄がえりいうたら監獄がえりやないか……。なあおい——、この曽田の野郎、監獄がえりがわからんとよお——」

「監獄がえりは、飯くうて、そこで大きい顔して女郎に手紙かいてるやないか。」今井上等兵が言った。「監獄がえりゃあ、そら、棚の下にもぐりこみやがってくらいとこがええのやろ。」誰かが言った。曽田はその皆の言う言葉が木谷の耳にはいりはしないかとはらはらした。既にこのとき彼の後の方からとんできたのは木谷のけもののほえるようなわめき声だった。（略）

木谷の手をふりほどいてつきかえそうとする地野上等兵の両手をとると、木谷は彼を寝台の上から引きおろした。

「なにをさらっしやがっか……。やろ、やろ、やろ、お前らのような……三年兵のなりたてとはちがうぞ、おい、四年兵の監獄がえりのバッチをみせてやるから、そこいたて、たて、たて。」

地野上等兵はようやくおき上って窓ぎわに身をよせ怒りの上った眼でにらみすえながら、「ちきしょう、ちきしょう、こんなことでほっとかんぞ」とうなるようにいっていたが、木谷が四年兵という言葉をくりかえしおしだすにつれて、その顔色はかわって行った。

それまで木谷は、軍隊から貰う少ない給金を貯めてなじみの女郎に会いに行く程度のおとなしい生活をしていたのですが、ここで完全に切れて反撃に出ます。

このとき鍵となったのは、年次の問題でした。軍隊の階級は下から二等兵、一等兵、上等兵の順です。一等兵に降格された木谷は、上等兵である地野や今井よりも下になります。ところが年次でいえば上等兵たちは三年兵、すなわち入隊から三年目の兵士です。それに対して、木谷は二年の服役期間を経た四年兵なのです。

軍隊は、本来きわめて秩序立った組織です。もともと内務班は三年兵である上等兵までしかいませんから、木谷が四年兵であることを知ると、もう誰も逆らえる者はいないのです。

木谷はほかの兵隊を一列に並べ、順番に殴っていきます。

「監獄の挨拶はなこんなことではすまんぜ。裸にしといてやな、骨と骨の間い、こいつをつっこむんやぞ……」「おい三年兵、補充兵、初年兵、後々の用意に監獄のことをおしえといたるけどな、飯はみんな、測り飯やぞ……一寸でも多ければ看守のやつがへずりとりやがるんやぞ……」ごつん、ごつん、ごつんとにぶい音がした。彼はなぐって行

っては、よろける兵隊をついた。「監獄がえりがこわいか、よっ、おい。」木谷は一人一人にそれをくりかえした。（略）

彼は最後になぐりおわって、すぐ近くにつったっている曽田をみつけると言った。「おい、きさまもここい来い。」曽田は見た。彼はその声とその眼によって知った。木谷は他のものと同じように自分をなぐろうとしているのだ。曽田は一歩前へでた。（略）彼はつかれた木谷の顔が一寸ひきしまり、女をみるようななやましげな表情が自分をみるのをみた。（略）木谷はその打撃を少しもゆるめることなく力一ぱい拳骨で曽田の頬をなぐった。（略）ああ、曽田は恥しいことだが、あのとき木谷が自分だけはなぐったりすることはあるまいと思いこんでいたのである。木谷と自分とは同じ立場にたつことができると考えてもいたのである。

インテリの曽田はマルクス主義の洗礼を受けています。軍隊という組織になじまない木谷はマルクスの定義からするとルンペン・プロレタリアートであり、その境遇に同情と共感をもって、木谷をかばってきたつもりでした。それなのに、なぜ自分が殴られるのか。そう疑問を感じると同時に、木谷から見れば自分も軍隊組織の一員に過ぎないこと、インテリのひとりよがりな共感に過ぎなかったことに思い当たり、強い恥の意識を持つのです。

しかし、この場面は別の解釈も成り立ちます。曽田一人だけ殴られなかったとしたら、今度は曽田がほかの兵士たちの怒りの吐け口になった可能性があります。木谷はとっさにそこまで読んで、曽田を本気で殴ったのかもしれないのですが、その謎解きはされていません。

このあと、木谷は師団の不正経理のいけにえにされていたことが明らかになります。しかし木谷は脱走を試みて失敗し、南方の前線へ送られるところで、小説は終わります。

このように、『真空地帯』は日本の組織が抱えるマイナス面を扱っていることがわかります。人間関係のちょっとしたひずみから対立が生じ、激しい憎しみに変わり、暴力性をはらんでいく。現代の暴力性は、直接手を出すという形を取らず、ＳＮＳやネット空間での攻撃が中心になっていますが、学校や会社のいじめの構造も、『真空地帯』に描かれた軍隊でのいじめと共通したものがあります。

『真空地帯』と同様、軍隊の内実を描いて、シリーズ全体で千三百万部を超える大ベストセラーとなったのが、五味川純平の『人間の条件』です。五味川は、戦争という巨大な現象と、そのなかを生きる個人との葛藤を描いた作家として、いま、もっと読まれるべき作家だと思います。

『人間の条件』の主人公、梶はヒューマニストで、徴兵を逃れるために満州の炭鉱で労務管理をしていますが、中国人労働者の側に立って、会社側や憲兵隊とぶつかってしまいます。憲兵による拷問を受けた後、軍隊に入れられソ満国境に送られた梶は、過酷な戦闘の果てにソ連軍の捕虜になり、脱走を図るが……という筋立てで、松竹が小林正樹監督で合計九時間半の映画にしました。仲代達矢が梶、新珠三千代が妻の美千子を演じています。

野間宏と同様、五味川純平も共産党員で、従軍経験がありました。そのため、戦争を底辺から描くことができたのです。しかし五味川は『人間の条件』では「一組の男女と戦争との関係は書けたと思うけれど、戦争そのものを構造的にとらえることはできなかった」

として、十八年を費やして書き上げたのが『戦争と人間』です。ストーリーの中心となる伍代財閥は、日産グループの前身である鮎川財閥をモデルにしていると思われます。途中まで、のちにノンフィクション作家になる澤地久枝さんが助手を務めて、歴史的背景などに関する膨大な註を執筆しました。この註が非常に詳細で、歴史読み物としての価値を高めています。またこの『戦争と人間』も、日活のオールスターキャストで映画化されました。監督はのちに『不毛地帯』を撮る山本薩夫で、やはりトータル九時間半近い大長編です。

ここでは『戦争と人間』のほうを取り上げたいと思います。とはいえ、もとの三一書房版では全十八巻にも及ぶ大作のすべてを論じることはできません。そこで今回は、標拓郎《しめぎたくろう》という人物を取り上げてみたいと思います。標拓郎は、伍代財閥のひとつに勤めていた若い技師です。理想に燃え、共産党に関与しますが、治安維持法違反で逮捕され、転向するという挫折体験の持ち主です。「革新型」の拓郎がどこで躓いたのかをみていきましょう。

軍隊に入った拓郎は仙台の第二師団に配属され、満州に送られることになります。拓郎の弟の耕平は非常に成績が優秀で、伍代財閥に勤める矢次という技師の家に預けられています。矢次は、満州に向かう前に上京した拓郎と耕平を連れ、有名店で食事をすることにしました。

「つらかったろう」

矢次が拓郎をしみじみと見て、云った。(略)

「……なんともなかったと云えば、嘘になります」

拓郎は自分の節くれだった手を見ながら答えた。

「しかし僕は、自分に懲罰を加えるつもりで行きましたから……変な理窟ですが、事実がそうなんです。ですから、初年兵時分に焼きを入れられるときには、かえって耐えやすいような気がしました。二年兵になってからは、初年兵を庇ってやることで、小さな抵抗をしているような気持になりました。一種の自己弁護ですが。……しかし今度満洲へ行って、もしも向うの人たちに銃を向けなければならないような羽目に落ちたりしたら……」

矢次は黙って拓郎にビールをついでやった。

拓郎は問わず語りに自分の転向体験について語ります。

「……矢次さん、僕は、『工場のあいつ』という詩を断片的に憶えています。彼奴は民衆と共に行き／彼奴は民衆の中に戦っている／民衆と共に喜び／民衆と共に怒り……／ビラを貼り／檄文を刷って／苦情や不満をつい溽さない……／日々の激しい戦の中に喜びを感じ／自らの一日を労り　感謝し／輝かしい顔をして／機械のように働く……／暗い堰き切られた監房の中でも／奴は一人でない事を知っている／娑婆で俺達の戦がたたかい抜かれている事を／苦難の中にも絶えず同志が前進している事を／彼は誰よりもはっきり知っている／其処でも奴は民衆と共に在り／民衆と共に進んでいる……

もっと長い詩でした。僕は、そんな人間になりたかった。工場のあいつが信じたように信じようとつとめました。僕には駄目でした。すばらしいやつもいたにちがいありません。そういうやつも次々に崩れて行きました。ろくに飯も食えずに頑張っているやつもいました。『工場のあいつ』にもそういう文句がありましたが。そんなやつを駄目にしたのは、敵ではなかったような気がするんです。拷問などは耐えられないほどではありませんでした。あいつや僕から魂の張りを奪ったのは、天皇制の警察ではなくて、天

皇制を裏返しにしたような仲間の組織そのものだったように思います。指導部にも、中には清潔な人も少しはいたでしょうが、大体、自分の手で生きないで、よそから金をもらって指令を発するような指導部なら、だれでもできます。額に汗しない、自分のなかから力を絞り出さないで生きていられる、そんなうまい話は普通の社会人にだってありませんよ。『工場のあいつ』のような人間に、僕はほんとうになりたかった……」

拓郎が引いているのは、今村恒夫（一九〇八～一九三六年）という詩人の作品です。今村は日本共産党の党員で、小林多喜二とともに特別高等警察に逮捕され、豊多摩刑務所で病を悪化させ、保釈中になくなりました。

ここで興味深いのは、拓郎が労働運動に挫折したのは、「敵」である警察などではなく、「仲間の組織」のあり方だったと述懐している点です。本来、弱者である労働者に味方し理想を追求するはずの「組織」が、運動に寄生する指導部が〈天皇制を裏返しにしたような〉権威主義をふりかざすような世界だったわけです。

外からの攻撃よりも、味方だと思っていた内からの裏切りのほうがダメージが大きい、という点は、私も経験上、身に染みてわかります。というのは、東京地検特捜部に逮捕されたとき、拘置所で接見禁止とされた孤独も、起訴されたことも、それほど辛くはありませんでした。辛かったのは、公判前に、信頼していた同僚や上司の調書を読んだときです。私のことを「こんな悪い人間はいない」と決めつけたり、無理な依頼をさんざん捻じ込んできたくせに「佐藤に頼まれたから仕方なかった」と嘘の供述をした上に、「できるだけ厳しく罰してください」と結ばれていました。こういう調書をさんざん読むと、「人間性の本質というのは、危機に置かれたときに表れるものだ」と痛感します。拓郎が、拷問によってではなく、こんな程度の奴らと一緒に運動していたのかという失望で転向するのが、私には皮膚感覚で理解できます。

むしろ拓郎の理解者は〈自分に懲罰を加えるつもりで〉入った軍隊のなかにいました。拓郎ら初年兵を相手に講義をした教官は、社会主義者や共産主義者の欺瞞《ぎまん》を容赦なく指摘します。

標拓郎は猫背のように体がまるくなるのを避けられなかった。教官から「売国奴」と云われたからではない。標たちが司直の苛烈な弾圧の下で、危険に対する覚悟と誇りをもって従事していた運動の欠陥を、彼らが資本家の走狗と蔑んでいた職業軍人から衝か

れたからである。

この教官は講義のあと、拓郎ひとりに声をかけ、自室に招くと、幹部の堕落は共産党にとどまらない、国務を司る人間も同じだ、として、「不正を糾弾せんとするお前らの心情を、俺は買う。尊重する」と呼びかけます。そして、拓郎に出自を尋ねられ、地主出身だと答えた教官は、次のように拓郎に問いかけるのです。

「共産党の指導部に純然たる労働者出身がどれだけいる？　いたとしても、争議の解決に人を介して敵側から袖の下をせしめるようなやつだ！　参考までに教えておく。俺などは元気なだけが取柄の士官にすぎんが、陸軍の青年士官で、純真な愛国心と革新の情熱を持っておる者には、中産階級の出身が多い。不思議なことだが、お前らが親近感を持てるはずの下から叩き上げた者には、保身の術に長けた、正邪の別に暗い者が多い。（略）お前も心眼をひらいてよく観察してみろ」

この教官の見解には、二・二六事件の青年将校たちにも通じるものがあります。

そして会食から帰り、兄弟並んで床に就くと、拓郎は、次の絞り出すようなことばを弟に告げるのです。

「……俺の二の舞をやるんじゃないぞ」

耕平は仰向いたままできき返した。

「どういうこと？」

「信じるなよ、男でも、女でも、思想でも。ほんとうによくわかるまで。わかりがおそいってことは、恥じゃない。後悔しないためのたった一つの方法だ」

耕平は体が次第に硬くなった。

「威勢のいいことを云うやつがいたら、そいつが何をするか、よく見るんだ。お前の上に立つやつがいたら、そいつがどんな飯の食い方をするか、他の人にはどんなものの云い方をするか、ことばや、することに、裏表がありゃしないか、よく見分けるんだ。自分の納得できないことは、絶対にするな。どんな真理や理想も、手がけるやつが糞みたいなやつなら、真理も理想も糞になる。……みんな、俺にはできなかったことだ。俺は、お前になんにもしてやれない。駄菓子でも買って来て、いっしょに食いながら、俺の失

敗に照らして一つ一つお前に教えることが、これから必要だというときにな。すまんと思う……」

拓郎の声がつまった。

この拓郎のことばは、どんな組織にいても肝に銘じておくべき、とても重みのあるものだと思います。目的は手段を浄化することにはならない。汚い手段を取れば、目的まで汚くなってしまう。これは共産党など急進的な革新運動への批判であるとともに、時代的には少し後になりますが、太平洋戦争で日本が掲げた「八紘一宇（世界をひとつの家のようにする）」「東亜の解放」などといった〝大義名分〟の批判にもなっています。

目的と手段の問題は、その組織の価値観を吟味するときに、非常に有効な判断基準です。そして、その判断でいちばん大事なチェックポイントは、「手がけるやつ」、すなわち人を見極めることなのです。

第六章　昭和史に学ぶ

実戦なき組織は官僚化する

まずは次の年表をごらんください。

一八九四（明治二十七）〜九五年　日清戦争
一九〇四（明治三十七）〜〇五年　日露戦争
一九一四〜一八（大正三〜七）年　第一次世界大戦
一九一八（大正七）年　シベリア出兵
一九三一（昭和六）年　満州事変
一九三二（昭和七）年　上海事変、五・一五事件
一九三六（昭和十一）年　二・二六事件
一九三七〜四五（昭和十二〜二十）年　日中戦争
一九三九（昭和十四）年　ノモンハン事件
一九四一〜四五（昭和十六〜二十）年　太平洋戦争

しばしば近代日本は十年ごとに戦争を繰り返していた軍事国家だと言われます。こうした年表をみると、たしかにそう思えてくるのですが、私は、そうした見方では昭和の特質を捉え損なうと思います。

ここに挙げた戦争は、相手も、日本という国にとっての位置づけも、その中身もすべて異なります。ここで重要なのは二つの視点です。ひとつは、日本人にとって国家存亡の危機だった戦争はなにか。そして、もうひとつは近代戦の名に値する戦争はどれだったか。

日本人が国家存亡の危機と感じた戦争は、日清戦争と日露戦争、そして太平洋戦争だけでした。そして、本当の意味での近代戦は、日露戦争、ノモンハン事件、太平洋戦争の三つだけです。

日露戦争は、日本にとって初めての近代戦であり、総力戦でした。大規模な物量戦で、ロシアは最新兵器の機関銃も使ってきましたし、旅順では敵陣地のトーチカを潰すために大きな大砲が必要でした。日本海では本格的な艦隊決戦が行なわれました。

しかし、それから日本は長い間、死力を傾けた近代戦を体験していません。日本にとっての第一次世界大戦は、とうてい近代戦と言えるものではありません。ドイツには日本と戦う気がなかったし、南洋諸島や地中海まで駆逐艦を派遣しましたが、本格的な戦闘をしたわけではないからです。日英同盟に乗って、いわば漁夫の利を得たにすぎません。

そのあとのシベリア出兵、満州事変、あるいは上海事変から日中戦争にしても、日本ががっぷり四つになって本気で戦ったとは言いがたい。たしかに上海では航空戦があったり、重慶への爆撃もありましたが、彼我の力関係に大きな差がありました。

日露戦争の次の近代戦は、ソ連軍と戦った昭和十四（一九三九）年のノモンハン事件なのです。ソ連の近代兵器を前に、戦車戦でも航空戦でも惨敗を喫しました。その間の三十四年間、日本陸軍はまともな近代戦を戦ったことのない軍隊だったのです。海軍に至っては、太平洋戦争まで近代戦の実戦体験がなかった。この断絶は大きなものがありました。

ちなみに山本五十六は日露戦争時には、海軍兵学校を出たての少尉候補生として日本海海戦を経験しています。これに対して東条英機は一九〇五年三月に陸軍士官学校を卒業し、実戦を経験せぬまま、九月には戦争が終わっていました。つまり、太平洋戦争時には、中堅以下の軍人はだれも総力戦を体験していなかったのです。これは、実戦のなかで日露戦争の体験を伝えられた世代はほとんどいなかったことを意味します。

では、その三十四年の間に、日本軍に何が起きていたか。それは官僚化です。実戦のない軍隊で出世するのは、事務能力の高い人間です。実際の戦場に出て強いかどうかは、やったことがないから誰もわからない。学校の成績が良くて、メモをとるのがうまいとか、図上演習が上手で、なおかつそれを上手にパフォーマンスできるタイプが中枢に起用されていきます。

つまり、昭和の軍人は、戦争を含む行政官に過ぎなかったのです。

現場にツケを回す上司のキーワード

官僚化した軍隊が、どのような組織原理で動くのか。それが具体的に読み取れるのが、昭和三（一九二八）年に作られた「統帥綱領」と、昭和十三（一九三八）年に作られた「作戦要務令」です。これは企画立案実行のためのマニュアルです。官僚組織は必然的にマニュアル化するのです。

なかでも、ここで紹介したいのは「作戦要務令」です。「統帥綱領」は、統帥に当たる参謀本部第一部のエリートしか見られない軍事機密でした。それに対して一般の兵士向けの「作戦要務令」には、まさに陸軍という組織そのものの精神構造があらわれています。

「作戦要務令」はマニュアルとしては実によく出来ています。隊列の組み方から行軍、宿営、戦闘方法、戦中日誌の書き方から憲兵の仕事まで、これ一冊読めば全部わかる。しかし、そこに貫かれている思想を一言でいえば、難しいことは考えなくていいから、教えられた通りにやれということに尽きるのです。そして、それを支える精神は、必勝の信念です。情勢判断よりも、自分たちは必ず勝つと信じること、だから常に攻撃精神を持つことが優先されるのです。

では、「作戦要務令」に想定されていない事態が起きた場合、どうすればいいか。その答えはこうです。

〈およそ兵戦のことたる、独断を要するもの頗る多し〉

つまり現場が独断で行なえというわけです。そして

〈常に上官の意図を明察し、大局を判断して、状況の変化に応じ、自らその目的を達し得べき最良の方法を選び、以て機宜を制せざるべからず〉

これを一言で言えば、「うまくやれ」ということになります。

数年前の東芝による粉飾決算事件のなかで、経営トップが部下に対し「工夫しろ」「チャレンジだ」といった指示を出していたことが大きな話題となりました。あれこそまさに

「作戦要務令」の世界です。結果としてうまくやったら、指示をこなしたことになる。下手を打ったら「なぜ指示通りできないんだ。うまくやれと言ったじゃないか」と責められる。上司にとってのマジック・ワードです。

会社でも役所でも、組織が危なくなると曖昧な指示が増えます。「うまくやれ」とか「工夫しろ」と言われたら危ない。九割方、下が責任を被せられると考えたほうがいいでしょう。

この「作戦要務令」の世界で、決定的に欠けているのはリーダーシップという概念です。想定外の事態に対応できるのは、組織から正統な権限と責任を与えられたリーダーなのですが、マニュアルと無原則な現場判断だけしかない日本型組織には、それがいません。

企画、実行、評価を分けろ

「うまくやれ」型組織原理が行き着く先は、「現場の暴走」です。そもそも上が「工夫しろ」「うまくやれ」と丸投げしているのですから、いざという場面で、統制がきくはずがありません。

つまり企画立案を現場が行なう。実行も現場が行なう。そしてその評価も現場が、自分自身で行なうようになるのです。すると、どんな作戦だろうと、報告されるときには「成功」か「大成功」になってしまうのです。第三章で取り上げた『不毛地帯』について論じた、参謀の無責任も、ここに根本的な原因があります。

まともなリーダーシップが機能している組織では、こうはなりません。戦国武将にたとえるならば、攻撃目標を決めるのは織田信長です（企画立案）。そして、そのための作戦を立て実際に戦うのは配下の武将たちでしょう（実行）。そして最後に評価を下すのは信長です。

ひるがえって近年の日本の外務省のホームページを見てみると、あらゆる会談や外交交渉は「成功」で終わっています。それは企画立案を外務省が行なって、遂行も外交官が行なって、そのシナリオ通りに政治家が動き、評価も外務省自身がするからです。

これは、昭和の日本軍の轍を踏んでいるとしか思えません。そうした自己評価による「成功」と「大成功」の集積が、結局、敗戦という「大失敗」に日本を導いていったのです。

すさまじい受験社会だった日本軍

また官僚化した日本軍は、すさまじい受験社会でもありました。実戦がないために、海軍ならば兵学校の卒業席次を指す「ハンモックナンバー」、陸軍ならば「天保銭組」(陸軍大学校の卒業生)であるか否かが、のちのちまでついてまわり、出世にも影響するからです。

こうした受験エリートの思考法をうかがえる良いテキストがあります。山口真由さんという女性が書いた『東大首席弁護士が教える　超速「7回読み」勉強法』(PHP研究所)などの一連の著作です。彼女は東大法学部の三年生で司法試験、四年生で国家公務員I種に合格して、首席で卒業後は財務省主税局に進みます。しかし仕事に飽きたらず二年で辞めて、弁護士になった、と書かれています。彼女が推薦する「7回読み」とは、同じテキストを七回読み通すというものです。あれこれ読んで、様々な考え方を理解しようとすると混乱するだけです。彼女は言います。

〈「書かれているもの」を理解することは、どんな人にも可能です。

文章は、一見どんなに難解なものでも、意味がありさえすれば、必ず理解できるものです。7回でダメなら10回、10回でダメなら20回読めばいつかはわかります。

そう、センスや才能ではなく、回数の問題なのです〉

私は、この勉強法は優れた面をもっていると評価しています。勉強には、「公務員試験に合格する」、「英検1級に合格する」などの明確なゴールがあるものと、「哲学的思考を身につける」「外国の政治エリートや知識人にも一目置かれる英語を話せるようになる」というような明確なゴールのないものがあります。「7回読み」は、明確なゴールのある勉強法としては優れたものです。しかし、批判的な作業を伴う勉強には適していません。

戦前の軍のエリートたちの勉強法も、この「7回読み」に近いものがあります。山口さんの本には、テレビや漫画は歯磨きの時間だけに限る、朝起きるとベッドのマットレスを外してうたた寝を防止する、さらには司法試験を前に一日に十九時間半も勉強した結果、「蛍の光」の幻聴を聞くようになったといったエピソードが出ていますが、東条英機には陸大合格に必要な勉強時間を計算し、そこから一日あたりの勉強時間を割り出して、受験勉強に励んだ、という逸話が残されています。もっとも東条は陸大受験に二度失敗していますから、山口さんの優秀さには見劣りしますが。

必要な人材をどのように選抜するか、そして彼らをどのように使うかは、組織にとって重要な問題です。苛烈な入試を行なえば、人材が集まるというわけでもありません。むしろ、選抜をひとつの方式に偏らせてしまうと、エリートであればあるほど、それに過剰適応を起こしてしまいます。

人材の枠を狭めると組織は滅ぶ

ところで人材という観点から昭和前期という時代をみると、一言で言えば、大正時代に培った、高度な教育を受けた人材を無造作に消費していった時代だった、ともいえます。

大正時代の日本は、教育というものが大きな成果を挙げた時期でした。私が、大正デモクラシーより大きな出来事だと思うのは、大正八年の大学令の施行です。帝国大学以外に、公立大学、私立大学を認め、高等教育を受けられる人口を飛躍的に増やしたのです。しかし、そうして養成した人材が、昭和前期には戦争で消費されていきました。放物線の計算ができなければ航空母艦に体当たりできないといって特攻機に乗せられた学生もいました。大蔵省などでも若手官僚が、経理将校などとして前線へ送られ、戦死したケースが少なくありません。

そのなかで、比較的トップエリートを温存した組織が、外務省です。外務省は早くから「負ける」とわかっていたから、戦時中に若手のエリートをヨーロッパに研修に出したのです。後にアメリカ局長や駐西ドイツ大使などを歴任した吉野文六さんもその一人でした。三年かけて語学と教養を身に付けさせ、戦後に備えました。その結果、戦後は外務省の時代になりました。幣原喜重郎、吉田茂、芦田均といった外交官出身の首相が相次いだのは偶然ではありません。

余談になりますが、実は、この「成功」のもととなったのは、大正八（一九一九）年、第一次大戦終結の際のベルサイユ講和会議での「失敗」でした。それまでの外交交渉は相手国と一対一だから、英語でもフランス語でもこちらのペースでゆっくり会話ができました。ところがベルサイユでは、他国の代表同士が何を話し合っているか全然わからない。日本は主要五カ国の一つとして参加したのに、まともな要求や口出しができませんでした。外務省は、「本格的に留学させて、完璧に話せる官僚を育てなくてはダメだ」という考えに至ったわけです。

また組織にはコアなエリートばかりでなく、異質な人材も必要です。というのは、どんな不測の事態が起こるかわからないからです。状況が激変したとき、似たタイプのエリートばかりでは全滅する危険性がある。普段はさほど役に立たないように見えたり、クセが強いような人材でも、いざというときのためにプールしておくことが、組織としては重要なのです。

しかし昭和は前期も後期も、そういう異質な人材を置く余裕に乏しい時代でした。日本のエリート育成システムは、明治・大正までは専門などによっていくつものコースを選び得る複線構造になっていましたが、昭和になると、最終的に軍を頂点とする単線構造になってしまったのです。戦後、軍隊がなくなると、今度は経済に一本化されます。団塊の世代にしても、学生運動をあれだけやったあとで、みんな企業戦士になった。

エリートというものは本来、分散化していなければなりません。ビジネスで成功する者、官僚、政治家、作家、学者……みな適性が違う。分散していた方がより幅広く人材を活用できます。そして、そのほうが組織も社会も安定性が高まるのです。

戦略なき組織は敗北も自覚できない

太平洋戦争に突入したのは陸軍の暴走だと言われることが多いのですが、安全保障のための緩衝地域や、資源などの権益の確保を求めて、大陸へ進出していったプロセスは曲がりなりにも理解できます。私がむしろ理解できないのは、海軍の軍略です。本気でアメリカと戦おうと考えていたのなら、なぜ「大和」や「武蔵」みたいな意味のない巨艦を造るのか。島嶼戦を考えるならば、海軍陸戦隊を海兵隊に再編すべきだったと思います。つまり、その戦略から実戦への意識が感じられないのです。

結局は成功体験に捉われ、日本海海戦の延長線上で考えているからです。「最後は艦隊決戦だ」という、日露戦争以来変わらない戦争観でした。

だから海軍は、敗北を認識するのがえらく遅かった。半藤一利さんが言っていましたが、元海軍の人たちに聞き取りをすると、レイテ沖海戦で「武蔵」が沈むまで負けると思わなかった人が多いそうです。すでにサイパンもグアムも玉砕しているのに、「武蔵」が沈んで初めて、「まだ『大和』があるけど、もしかしたらダメかもしれない」と気がついた。

なぜ敗北にも気がつかないかといえば、勝利のためのプランがそもそも成立していなかったからでしょう。

しかも、海軍は戦争末期まで資源などの分配をめぐって、陸軍と争い続けます。これは陸海軍ともに、官僚組織の病弊であるセクショナリズムが骨の髄まで染みわたっていたからです。

また日本の軍隊では、ロジスティックスという思想が非常に脆弱《ぜいじゃく》でした。食い物が欲しかったら、軍票を渡すから現地で調達しろというのでは、住民との関係がよくなるはずがありません。海軍は海軍で、艦隊決戦主義ですから、敵の商船妨害はおろか、味方の輸送船警備もおろそかにしていました。

そうした兵站軽視とセクショナリズムが端的にあらわれたのが、昭和十七（一九四二）年以降、陸軍が一生懸命に航空母艦を造ったことです。ミッドウェー海戦のあと、海軍が輸送船の護衛をしてくれないから、陸軍は「あきつ丸」を初めとする四隻の揚陸艦を航空母艦に改装。海軍が分けてくれないから艦載機まで自力開発しています。世界の陸軍で空母を造ったのは日本だけではないでしょうか。

そのとき海軍は何をしていたか。回章を回して「陸軍の造った船であって敵艦ではないので、沈めないように」と知らせただけです。実際に調べてみると海軍は、陸軍艦を敵と勘違いして、けっこう沈めている。まさに絵に描いたような縦割り組織の自滅です。

近代戦は個人の能力よりチーム力

昭和十四（一九三九）年のノモンハン事件は、その実態がいまだによくわかっていません。あまりの惨敗に、責任追及を恐れた軍部が記録をあまり残さなかったからだ、とも言われています。しかし、敗戦は戦訓の宝庫でもあります。本当ならば、ここで日本軍は近代戦について重要な知見をいくつも得ていたはずなのです。

ここでは航空戦について見ていきましょう。ノモンハンでのソ連の主力戦闘機は、I—15とI—16でした。Iはイストリビーチェリ。戦闘機という意味です。

I—16は、実戦で使われた世界最初の単葉機で、脚も引き込み式でした。だから速度は出る。しかし旋回性が悪くて空中戦に向かないので、ソ連のパイロットは操縦したがりませんでした。そこで、旋回性に優れる複葉機のI—15を並行して造りました。

ソ連軍はこの混成部隊です。速度は遅いけれども旋回性のいいI—15が出てきて、空中戦が始まります。日本軍は単葉の九七式戦闘機です。やがてI―15は、スッと逃げてしまう。すると上空から、ものすごいスピードで強力な火器を持つI―16が急降下で襲ってくる。それまで戦闘機戦といえば、お互いに顔を見合わせて羽根を振って挨拶をしてから、一対一の決闘をしていました。ところがノモンハンの空中戦は、パイロットの技量に頼る個人戦から、編隊によるチーム戦に変わったのです。

それと、日本の戦闘機は滑走路がないと離着陸できません。ところがソ連の戦闘機は、見た目は不格好なのですが、畑の上に降りて畑から飛び立っていくことができました。実際の戦闘を考えて造られている分、強かったのです。

個人戦よりチーム戦。これは後に圧倒的に優秀な零戦を前に、アメリカ軍が取った戦法でもありました。

そして近代兵器と物量が勝敗を決める。こうした貴重な教訓を生かさなかった日本軍は、近代的な組織にうまく転換しきれなかったのです。

同様に、近代的なシステムに移行できなかったのが、インテリジェンス（特殊情報活動）です。日露戦争ではストックホルム駐在武官の明石元二郎大佐が活躍するなど、日本のインテリジェンスは大きな成果を挙げました。どうしてそれが昭和の戦争では発揮できなかったか。

日露戦争のころは、明石のような余人をもって代えがたい〝情報の神様〟が莫大な資金を武器に展開する特務機関方式が日本のお家芸でした。つまり、個人の能力に頼っていたのです。ところが次第に明らかになったのは、他国は組織で情報戦を戦っているという事実でした。それに気づいた陸軍が中野学校をつくるのが昭和十三年です。海軍はもっと遅れを取っていました。

外務省はどうだったのでしょう。先にも紹介した吉野文六さんが、次のような話をしてくれました。

戦時中のベルリンでは、日本円がもはや信用されず、物資を調達することができなくなったそうです。そんなときベルリンの大使館員たちは、スイスへ行った。スイスに行けば、日本円がいくらでもスイス・フランに替えられたからです。それまでは大使館用の金塊などをこっそり潜水艦で日本から運んできたわけですが、それが分かってからは、日本円を大量に持ってくればいい。

問題は、このとき、なぜスイスで日本円が使えるのか、誰もその理由を考えようともしなかったことです。少し考えればおかしいと思うはずです。

実は、スイスで交換された日本円は、アメリカのダレス機関に渡っていました。スパイを日本に上陸させて活動させる工作資金として、日本円が必要だったからです。つまり、大使館員たちは、アメリカの諜報用の紙幣を自ら進んで提供したことになる。これも経済も含めた総合的なインテリジェンスの世界に、戦前の日本が追いついていなかった、ひとつのあらわれでしょう。

重要なのは地政学と未来学

ここで興味深い本を紹介したいと思います。『小説　日米戦争未来記』という、大正九年に書かれた近未来小説ですが、若者を中心に大ベストセラーになったらしい。反米論がかなり出始めていた当時において、「そう簡単じゃない。アメリカは強いぞ。勘違いしないほうがいい」と戒めているのです。どんな小説かというと――。

二十世紀の終わり頃、移民問題や対中国問題を巡り、日米両国の利害が衝突。排日主義を掲げて経済的にアジアを侵略し始めたアメリカに対し、国際連盟加盟各国は日本を支援。ついに両国は開戦する。

アメリカは「電波利用空中魚雷」という新兵器、いまでいうところの誘導式巡航ミサイルを開発していて、ハワイへ向かった連合艦隊の精鋭は、緒戦で全滅してしまう。日本政府は、この事実を明らかにすべきかどうか迷う。「第二戦で勝利してから、真実を発表すべきではないか」「いや、国民にはすべて明らかにしなければ」という議論の末、後者が勝つ。アメリカを甘く見て熱狂していた日本国民は、たちまち士気を喪失してしまう。

朝鮮半島では独立運動が本格化し、中国とは対立し、満州の日本軍も全滅。日本は窮地に追い込まれていく。戦火は拡大し、世界大戦となる。そこへ登場した天才・石仏博士が、宇宙の引力と斥力を利用した燃料不要の新兵器「空中軍艦」を建造。アメリカ太平洋艦隊が本土へ迫り来る中、日本軍は反撃に出る——という物語です。

国際情勢を元にしたシミュレーションとストーリーの組み立ては、とてもよくできています。たとえばロシアについても、レーニン、トロツキーが死んだあと革命は続かず、かといって帝政に戻るでもなく、共和制の独自の帝国主義になっていく。第三の立場をとる国として英米と対立しているという見立てなど、プーチンのロシアを想定しているかのようです。

私はこの小説を現代語に書き換え、解題をつけて『この国が戦争に導かれる時　超訳小説・日米戦争』（徳間文庫カレッジ）として出版しました。

著者は樋口麗陽という人ですが、どう調べても生まれや経歴がわかりません。しかし興味深いのは、日米対決の帰結が、公開情報をベースにしていたはずの作者にも読めていたということです。国際情勢の基本がわかっていた当時の人たちは、日米決戦になった場合、そう簡単には勝てないと見抜いていた。

この本を紹介したのは、そこに現代の日本で欠けている二種類の「知」を見てとることができるからです。ひとつは軍事、外交、経済など様々な要素を総合して未来を予測する「未来学」。そして、もうひとつは「地政学」です。

樋口の発想の基本には、地政学があります。――海洋国家であるイギリスとアメリカはいつもくっついている。それに対抗して大陸国家であるドイツとロシアがくっつく。同じ大陸国家のフランスは独露と立ち向かうために英米側につく。海洋国家である日本の利害は英米と衝突するから、ドイツ・ロシアの側につく、というのが樋口の描いた構図です。後に昭和十五年、日独伊三国同盟が結ばれたとき、ソ連をそこに加える構想が実際にありましたから、樋口の見立てはなかなかあなどれません。

地理的な条件というのは、人間には変えることができません。そして、時代が経っても変わらない。だから地政学的発想は、時代を超えて、応用が利くのです。

戦前の日本では、地政学がそれなりに学ばれていました。しかし、陸軍の対象はシベリアや大陸支配に向けられ、海洋戦略はほとんどありませんでした。だから、南方に進出して、イギリスの権益を侵しても、アメリカは出てこないだろうといった甘い見通しを捨てられなかったのです。南方への進出を真剣に考えるなら、英米不可分を前提に検討しなければいけなかった。

また地政学では、縄張りと地理が極端に異なっているのは危険だと考えます。たとえば、メインランドから遠く離れた土地を自らの縄張りにしてしまうと、余計なエネルギーが要るからです。今でいえば、アメリカが遠い中東に兵を出したり、地理的に近いキューバと外交関係を持たなかったのは、地政学に反していた。そう考えると、アメリカが中東から事実上退くのは、地政学に適った政策なのです。

日本人が苦手な類比的思考

本来は別々であるはずのものごとに類似性を見出すことを類比的思考といいます。現代の中国と昭和の大日本帝国のように、一見、時代も状況もかけ離れたようにみえるものに共通点を見出し分析するには、この類比的な思考が必要です。おそらく日本のインテリが一番弱いのは、この類比的な思考ではないでしょうか。

実は、ユダヤ教にしてもキリスト教にしてもイスラム教にしても、その核心となる思考法は類比です。ものごとの原型や規範はすべて聖書やコーランなどのテキストに書かれているのですから、世界の様々な現象はそれにあてはめて理解することが出来る、というわけです。それに対して仏教は、仏典の数が多すぎるので、そういう思考法に向いていません。

重要なのは、ものごとを判断するときに、無意識のうちにこの類比的思考を使う人たちが、世界では主流であるということです。彼らの内在論理を理解するためには、類比的思考の理解は欠かせません。

いま、日本人がすごく苦しんでいるのは、他者の理解が難しくなっていることです。韓国がわからない、中国もわからない、アメリカもわからなくなってきています。ましてや中東のような遠い地域の人々の考えを理解するのは難しい。日本人は世界の中ではマイノリティ（少数派）でありながら、国内では圧倒的なマジョリティ（多数派）です。だから他人の身になって考えるという訓練が出来ていないのかもしれません。相手の内在論理を探ることは、インテリジェンスの基本です。つまり相手の立場に立って考え、その道筋を理解する。もちろん、相手の論理を知ることと、それにどこまで付き合うかは、また別の問題です。

実力が試された時代

昭和という時代は、予測不能の、未知の問題にぶち当たってばかりいた時代だといえます。まさにクライシスの時代です。その意味では、日本という国の実力が試された時代だったともいえるでしょう。

また昭和は極端な時代でもありました。極端な軍国主義があり、極端な平和主義があり、極端な統制が敷かれたかと思うと、極端な新自由主義経済もあった。

だから昭和の歴史は一筋縄ではいきません。失敗の中に成功の萌芽を見出せるかと思うと、成功の原因がそのまま次の失敗の原因と重なり合うといったように、複雑な構造をなしています。

極端から極端に振れる中で、日本は二つの大きな失敗をしました。一度は高度国防国家を目指して挫折した「敗戦」で、もう一度は経済大国を目指しながら挫折した「バブル崩壊」です。昭和の歴史を学ぶことは、この大きな失敗から成功のための種子を見つけることでもあります。そして同時に、成功のさなかに失敗の兆候を見出し、それを未然に防ぐことでもあります。それが、歴史を武器に変えるということなのです。

第七章　女性を縛る「呪い」

日本社会のガラスの天井

この章では女性と仕事について、白石一文『私という運命について』（角川文庫）をテキストに読み解いていきたいと思います。

安倍政権は「女性が輝く社会」を掲げていますが、世界経済フォーラムが発表した、男女の格差を示すジェンダー・ギャップ指数（二〇一八年）では、日本は百四十九カ国のなかで百十位にとどまっています。とくに百二十五位の政治分野、百十七位の経済分野で、女性の進出の遅れは際立っています。二〇一七年は百四十四カ国中百十四位だったので、少しだけ上昇したことになりますが、掛け声に比して、改善は遅々として進んでいません。反対に女性の進出が進んでいる国の上位を挙げると、アイスランド、ノルウェー、スウェーデン、フィンランドと北部ヨーロッパ勢がずらりと並びます。アジアではフィリピンが八位と高い。

では、なぜ日本では女性の地位はなかなか上がらないのでしょうか。一九八六（昭和六十一）年に男女雇用機会均等法が施行されるなど、職場の男女平等や社会への共同参画に関する法律や制度の整備は進めてきた。職場での女性の能力の高さも実証された。それなのに、相変わらず女性の経営者や管理職は少ないし、大学の教授会でも少数派のままです。「ガラスの天井」とは、英語の「グラス・シーリング（glass ceiling）」の訳で、女性の組織内での昇進や能力開発を不当に阻む「見えない障壁」を指します。日本社会における「ガラス」とは何か。

私は、これを「文化拘束性」の問題だと考えます。人間はみな、ある一定の文化のなかで生まれ育ちます。すると、その文化のもっている価値観の傾斜や歪みについては、なかなか気づくことができない。傾いている土台のうえに、いくらきちんとした家を建てても、足元は不安定なままです。同じように、日本はこれまでの「男性優位」の文化を、十分な自覚なしに維持しているために、その土台の上に、男女共同参画を謳う法律や制度を作ってもじゅうぶんな機能を発揮することができないのです。厄介なのは、男性優位的な文化拘束性は、男性だけでなく、女性をも縛っていることです。

この状態を改善するには、二つの方法があります。ひとつは土台の傾きを強制的に均すような、より積極的な対策を取り入れることです。その意味で私は、今の日本社会にはアファーマティブ・アクションを導入して、管理職のうち一定の割合を女性にする、とか、大学の合格者を最低でも男女半々にするといったことを、努力目標ではなく、義務付けるくらいにして、変えていく必要があると考えています。

そして、もう一方は、これほどまでに根深い文化拘束性を徹底して直視することです。ユング心理学では、人間は「意識」の底に「無意識」の領域をもっていて、自覚しないまま、その無意識に支配されていると考えます。そして、人間の集団である社会にも、「集合的意識」があり、その底には「集合的無意識」があると論じるのですが、この集合的無意識こそ文化拘束性にほかなりません。

いまどき公の場で「女は仕事なんかせずに、家庭を守れ」と公言する人はほとんどいません。それが社会的に容認されない発言であることは常識となっています。さらにいうと、意識のレベル、論理のレベルで、男性の優位、女性の劣位を本当に信じている、と自覚している人も、もはや少ないと思います。つまりロジックの世界では、ほとんどの日本人は男女共同参画の世界を受け入れているのです。では、無意識の世界ではどうなのか？　それを測定するには、やはり優れた小説が有効です。

三十代前半で「終着駅」に

『私という運命について』の主人公、冬木亜紀は総合職として大手電機メーカーに入社した雇均法第一世代です。この物語の冒頭は、一九九三（平成五）年、バブルの崩壊で日本が大きく変わろうとしている時期に設定されています。

ちょっと飲みすぎたようだ。

師走ともあって酒席がつづいていた。昨夜も一昨夜も無理はすまいと思って出かけたにもかかわらず相当に飲んだ。だが、今夜の酔い方はそれどころではない。

帰宅すると寝室に直行し、着替えもせずにこうしてベッドの上に倒れ込んでいる。

（略）

これでは課長の赤坂憲彦のことを笑えない、と思う。根は気のいい男だが、彼は緩慢に壊れていっている。酒に溺れ、目先の仕事に溺れ、時間と数字に日々追われながら、気づかぬうちに本物の自分を失いつづけている。そして、きっと時代にも取り残されは

じめている。

自分はどうだろうか？

赤坂とはまったく違う、と果して断言できるだろうか。（略）

時代の流れには誰も抗えない。自分たちの電話機業界も着々たる携帯電話機の浸透で、先の見通しは灰色から黒一色に急速に塗り変わっている。（略）戦艦大和を何隻造ってみてももはや航空戦力に対抗できなかったのと同じことが、この業界で起こりつつある——月初めの会社の忘年会で太田黒営業本部長は、営業一課のテーブルにやって来て力説していた。その通りなのだと思う。

それでも亜紀の会社は、九四年に就任した新社長がパソコン部門に参入、ヒット商品を生みます。亜紀の上司である赤坂も、新社長に連なる派閥に属していたために勢いづき、自分がトップをつとめる九州支社に、亜紀を秘書役として引っ張ります。

そんな亜紀が「ガラスの天井」につきあたるのは、九七年のことでした。長引く不況で、九州支社でもリストラの噂が流れる中、赤坂は中国の現地法人の社長への転出が決まります。

その赤坂から食事に誘われたのは、十一月二十八日の金曜日のことだった。

「実は、きみにも一緒に中国に行ってもらおうと思って、ずっと本社と掛け合っていたんだが、どうしても了解が得られなかった。この大競争の時代にいまさら男も女もないし、優秀な人材にはどんどん仕事をしてもらいたいと俺は思ってるんだが、まだうちの上の連中は保守的なんだ。たしかに中国勤務になれば、一年や二年じゃ戻れないし、その間は新工場の起ち上げで仕事漬けの毎日になる。きみの年齢やなんかを考慮すると、俺にも多少の迷いはあった。で、結果的にはきみは本社に戻すことにしたよ。俺は一月にはここを離れるが、きみには春までいてもらってもいいし、望むなら一月に本社に帰っても構わない。いまの俺にしてやれるのはその程度のことだが、きみの好きにしてくれて結構だよ」

そう赤坂に告げられ、亜紀は「では、一月に東京に戻りたいと思います」と即答した。いかにも亜紀のために苦心したように言っているが、事実はきっとその正反対なのだろう、と亜紀は赤坂の話しぶりからすぐに察した。本気で中国に連れていくつもりならば、まずは亜紀本人の意志を確認するのが先決だし、現地法人の社長が是が非でもと申し出れば、秘書役一人くらいの人事はどうにでもなるに決まっている。「きみの年齢やなんかを考慮すると、俺にも多少の迷いはあった」という言葉こそが、彼の本音であることは疑いなかった。

「俺はこう思っているんだけれども、上が」というのは、どんな組織でも上司がよく使用する言い回しです。ここで注目すべきは、意識レベルと無意識レベルのズレです。赤坂が「この大競争の時代にいまさら男も女もないし」と語るときには、意識／論理のレベルに立っています。しかし、無意識／ホンネのレベルでは「きみの年齢やなんかを考慮すると」、つまり女性社員だけを三十歳前後という年齢のラインで判断しているのです。ホンネでは赤坂も保守的な「うちの上の連中」もまったく変わりません。

亜紀は赤坂があっさり自分を切り捨てたことを見抜いています。本社に戻るのは一月でも春でもいいというのは、もはや主要メンバーとして認識していないという意味です。組織がいかに左遷人事を言い渡すか、この小説は非常にリアルに描いています。

帰りのタクシーの中で亜紀は落胆とも失望ともつかぬ重苦しい気分にひたされた。そ

れは譬えようがなかったが、大きな徒労感、脱力感といったものに近かった。別に赤坂と一緒に中国に行きたいとは亜紀は望んではいなかった。（略）
だが、それでも亜紀はどうにも口惜しかった。赤坂の今夜の様子からも、本社に戻ったところで熱意を持って取り組める仕事を与えられる可能性はまずないだろう。要するに亜紀は三十三歳にして、サラリーマンとしての前途を閉ざされてしまったのである。このリストラの時代に仕事があるだけでも恵まれてはいるが、とどのつまりは、女性総合職第一期生のありきたりの終着駅に、とうとう自分も辿り着いてしまったということだ。

男女雇用機会均等法で女性総合職の一期生として入社した亜紀は、わずか十年あまりで会社員人生の終着駅に辿り着いてしまったわけです。その若さで、女性だけが一種の役職定年を宣告されたようなものです。
この小説に描かれた時代から二十年が過ぎましたが、事態はあまり変わっていません。なぜそうなのか、というヒントは、いま紹介したテキストのなかにも見出すことができます。「きみの年齢やなんかを考慮すると」という赤坂の発言の背後には、女性は三十代までは結婚、出産して、子育てを担当するという家族像があります。つまり、日本人の家族像、家意識こそが、いくら法律や制度をいじっても、容易には崩れない「文化拘束性」なのです。

「家」を支配する母の呪縛

この小説の怖いところは、女性の運命を描く中で、仕事と並ぶ大きなテーマとして「家」に着目していることです。それは小説の前半、亜紀が別れた恋人の康《やすし》の母から届く長い手紙という形で、物語に入ってきます。

康は同じ会社、同じ部署の三年先輩でした。実家は長岡の蔵元で、自分も将来は酒造りをしたい、と亜紀に打ち明けます。亜紀も長岡で康の家族と年末年始を過ごしますが、結局、プロポーズを断ります。

それから二年後、康はまだ在社して新興部門の花形となり、亜紀の後輩と結婚することも決めていました。その康から亜紀に相談があるというので、二年ぶりに会ってみると、その相談とは「結婚式に出ないで欲しい」ということでした。その理由が意外なものです。

康の母、佐智子が、いまなお「結婚相手は亜紀さんでなければいけない」と言い張っているからだというのです。

亜紀は、プロポーズを断わった後に佐智子から届いた分厚い封書を思い出します。これまで最後まで読まずにしまい込んでいたその手紙は、次のように書き出されています。

亜紀さん

お久しぶりです。一月に長岡駅の新幹線ホームでお別れして以来ですね。あのときは近いうちにまたお目にかかれると信じていたので、まさか亜紀さんにこうした手紙を書くことになろうとは夢にも思っていませんでした。（略）

今日は亜紀さんと康の未来のためにどうしても伝えておきたいことがあって筆を執りました。二月に康があなたに結婚を申し込み、五日後にお断りの返事をいただいたことは、その直後に電話で康から聞きました。亜紀さんのことですから、しっかり考え抜いた末の結論であったろうことは想像に難くありません。女性にとって結婚の諾否は人生で最も重要な選択の一つです。康の報告を耳にして、私も二ヵ月余り、この残念な結果について自分なりに納得しようと一生懸命努力をしてきました。（略）

それでも私は、あなたにどうしても自分の気持ちを伝えたいと思います。この二ヵ月間悩みに悩んで、やはりそうしなくてはならないと決心しました。なぜなら、私には幾ら考えても、あなたが康と結婚しないというのが納得できないからです。

これから記すことは、一人の女である私が一人の女である亜紀さんに直接聞いてもらいたい女同士の話です。息子とはいえ男性である康には一切関係のないことです。ですから、もしそんな厚かましい話はこれ以上聞きたくないというのであれば、ここでどうか手紙を閉じてください。それはそれでちっとも構わないと私は考えています。

このあと、佐智子は長岡に訪ねてきた亜紀を一目見たときに〈それまで感じたことのないような胸の昂りを覚えた〉と綴ります。

ああ、このお嬢さんが康の嫁になってくれるのだ、と私は心から思いました。そして、この人が佐藤の家を受け継いでくれることになったのだ、と直観しました。

たった一瞬、亜紀さんの姿を見ただけで、どうして自分がそう感じたのか、いまでも上手く理由を言うことはできません。ただ、私は強く強くそう感じたのです。

私の外交官時代の経験でも、第一印象は極めて重要です。最初の十秒から二十秒で受けた印象が悪ければ、その相手とは付き合わないほうがいい。こちらが悪い印象をもたれた場合、それを変えるには半年ぐらいかかる。それほど重要なもので、おそらく人は「無意識」の領域で、初めて会った相手とのマッチングを察知するのだと思います。

そして手紙はさらに畳み掛けます。

亜紀さん。あなたはどうして間違ってしまったのですか？

あなたのような賢い女性でも、時として過ちをおかすものなのですね。あらためて私はそのことを思い知らされています。

亜紀さん。選べなかった未来、選ばなかった未来はどこにもないのです。未来など何一つ決まってはいません。しかし、だからこそ、私たち女性にとって一つ一つの選択が運命なのです。私とあなたとは運命を共にするものと私は信じていました。康は、自分に亜紀さんを引き留めるだけの魅力がなかったのだ、と諦めているようです。男の人というのは案外に弱いのです。でも私たち女性はそうではないでしょう？　子を生み育て、

この世界を存続させていくのは私たち女性の仕事です。私たちが家を守り、子供を生まなくなったら、この世界は瞬く間に滅んでしまいます。

亜紀さん。どうか目を覚ましてください。

もう一度、自分自身のほんとうの心の声に耳を傾けてください。

実に恐ろしい内容ですね。

佐智子は亜紀を「家を受け継ぐ」存在だと直観したと語っています。ここで興味深いのは、女性、それも他家からやってくる嫁こそが、家を継承する主体だとされていることです。息子はいわば媒介に過ぎず、母から母へのつながりこそが「家」なのだと語りかけています。ここで亜紀を拘束しようと迫ってくるのは、実は「男性優位」の文化ですらありません。女性が女性に手渡そうとする「存続」の意思です。これは無意識の領域に属しています。だから強力なのです。実は、亜紀が長岡を訪ねた折、佐智子は亜紀と二人だけで小千谷の温泉へ出かけています。そこは佐智子が嫁に来る前、姑に連れて行かれたのと同じ温泉でした。これは、子供を産める身体かどうか、家のしきたりの中で造り酒屋を継いでいける女性かどうかという、この家の試験だったのです。

この手紙はいわば佐智子が亜紀にかけた「呪い」です。「あなたは間違っている」と断定して暗示を与える。それによって、相手の無意識を揺さぶり、運命を誘導しようとしています。このあと亜紀は、佐智子の手紙の内容を何度も反芻することになります。そして亜紀の無意識を長期に渡って支配していくのです。

この後、物語はさまざまな紆余曲折を経て、結局、亜紀は康と結婚、子どもを産みます。佐智子の予言は成就したわけです。ところが出産当日、新潟県中越地震が起こり……とさらなる波乱が続きますが、その先は小説そのものを読んでみてください。

いずれ亜紀の息子が成人して恋人を連れて来たら、おそらく亜紀は温泉へ連れ出すのでしょう。「家」とはそれだけ強固な生態系であり、人間を縛り付けるものである、とこの小説は語っているようです。

この章では、日本の女性を拘束するものとして、男性優位の社会による「ガラスの天井」、そしてもう一方で「家」を主体的に支配している「母の呪縛」を論じてみました。

第八章　生活保守主義の現在

挫折としての生活保守主義

近年の日本社会を読み解くキーワードのひとつに「生活保守主義」があります。これは一言でいうと、自分の生活が何よりも大事で、社会や国家などという大きな問題はどうでもいい、という考え方です。大きな夢など持たない、世の中を変えてほしいとも思わない。なによりも重要なのは「人並みの暮らし」です。暮らしが立つだけの生計、それなりの配偶者、肝心なのは、他人と大きく劣後することなく日々を送ることです。そして、その背景にあるのは、国家や企業といった、これまで個人の生活のベースを支えてきたはずの組織への不信です。

この「生活保守主義」を扱った優れた作品として、ここではテレビドラマのヒット作から『逃げるは恥だが役に立つ』、『東京タラレバ娘』を紹介したいと思います。

しかし、その前にやはり「生活保守主義」を扱った先行作品を押さえておきましょう。一九六七（昭和四十二）年に刊行された、高橋和巳『我が心は石にあらず』です。

この小説の主人公は、学徒出陣で特攻隊に配属されたものの、出撃前に終戦を迎えたために生き残った信藤誠。大学を出たあと、故郷の町に帰って技師をしているというエリートの信藤は、科学的無政府主義の思想を掲げ、地域の労働組合の委員長を務めています。そして、組合活動で知り合った久米洋子という若い女性とオルグ活動を共にするうち、不倫関係を結んでしまうのです。

洋子は信藤の子を身ごもり、やがて姿を隠してしまいます。おりしも信藤の会社では大規模なリストラが打ち出され、信藤はゼネストを打つなどの強攻策で対抗しようとします。しかし、信藤の強引な指導は組合内部からも批判が出て、組合は分裂。信藤は組合委員長を辞し、会社からも去ることになります。闘争に敗れた信藤は、家族を避難させていた温泉宿に向かいます。そして、風呂場で転んだ娘を抱え上げながらポロッと涙をこぼしたり、妻と気を許した話をしながら〈私はふと、戦いに敗れたのではなく、この平和に勝てなかったのかもしれぬと、思った〉と内語するのです。

そこで描かれたのは、闘争に敗れ、革命の理想を放棄して、家庭に象徴される日々の暮らしに逃げ込んでいくという生活保守主義への屈服でした。この小説は、全共闘世代に広く読まれました。学生運動を卒業して、長髪を切って就職し、企業戦士としてバリバリ働く自分たちの姿をそこに見たからでしょう。

今読むと、信藤は革命の理想を説きながら、部下の女性に手を出す不倫上司です。しかも洋子に手を出したのは、〈私は確かにある《諦め》の意識におそわれ、そしてその感情にあらがわなかった。あたかも、かつての《死の決断》の際に不意におとずれた諦めの意識に逆らおうとはしなかったように〉と、特攻隊として感じた諦めの意識からだった、と自己分析しています。さらには、組合運動を過激化させ、破滅的にのめりこんでいくことで、私生活の破綻から目をそらそうとするのです。挙句の果てに、「家族の平和に負けた」ですから、一人の男性としても、組合のリーダーとしても、夫や父としても、無責任というほかありません。

高度経済成長は、人々の生活を動揺させる経済的ダイナミズムをもっていました。しかし、その一方で、求人率も上昇していき、賃金も上がっていって、人々の生活は確実に豊かになっていきます。六〇年代の「生活保守主義」は、ひとびとが革命の理想よりも、家庭の充実を選んだことを意味していました。

貧困への恐怖と自己責任

それに対して、現代の生活保守主義は、ある意味でもっとシビアです。逃げ場がないのです。

現在の生活保守主義のポイントのひとつは、貧困への恐怖です。それも中の下になるのはイヤだ、という強迫観念です。現在の日本では、飢餓に直面するような絶対的貧困は非常に少なくなりました。しかし準下層というべき相対的貧困は、リアルに存在します。たとえば学歴は大卒でも、年収は二百万円以下で、有配偶者率が四分の一を切っているといった人たちです。さらには六十万人を超えたとされる四十歳以上のひきこもりも、ここに入るでしょう。「平均的な生活」から脱落するという不安と恐怖は、いまの若者たちには強烈に作用しています。

そして、もうひとつのポイントは自己責任の論理です。恵まれた職場に就職できないのは自己責任、結婚できないのも自己責任。もはやいまの若者たちには、「社会が悪い」としてその改革を目指す動きには、説得力を見出せない。すべての責任が個人に担わされているために、逃げ場がなく、失敗したくないという不安と恐怖はいっそう募るのです。その意味で、生活保守主義は組織にもう頼れない個人の自己防衛作用なのです。

いま二十代の結婚が増えているのも、こうした生活防衛の意味合いが強いと思います。家庭を持つことが、平均的な暮らしから脱落していないという意味で、生活の安全保障になっているのです。これから紹介する『逃げるは恥だが役に立つ』、『東京タラレバ娘』がいずれも結婚を重要なテーマにしているのは偶然ではありません。

「冬彦さん」から二十余年

若い男女の契約結婚の顚末を描いた『逃げるは恥だが役に立つ』は、二〇一六年にTBSでドラマ化されました。大学院出の派遣社員のヒロイン森山みくりを新垣結衣さんが、三十六歳で女性経験のない理系男子、津崎平匡を星野源さんが演じて、大ヒットしました。ここでは脚本・野木亜紀子、原作・海野つなみ『逃げるは恥だが役に立つ　シナリオブック』（講談社）をテキストに、ストーリーを追ってみましょう。以下に引用するのは、ドラマ第一回のはじめのシーンです。

みくり、手作りのお弁当を食べている。

ナレーション「なぜ、彼女は今、派遣社員として事務の仕事をしているのだろう」

×　×　×

みくり「元は、企画や商品開発の仕事を探してて、でも全滅で。就職浪人するよりはと思って、大学院に進みました」

〔大学院時代の写真に〕ナレーション「大学院では心理臨床コースを選択、卒業後に臨床心理士の資格を取得した上で、再び、就職活動に臨んだ」

みくり「甘く見てましたね。まさか文系の大学院卒が、こんなに就職できないとは……」

前の章で取り上げた『私という運命について』のように、バブル期前後であれば、まだみくりにも就職先は見つけられたかもしれません。しかし、バブル崩壊から二十年あまり。就職のハードルはさらに高いものになっています。

このみくりの失敗は、基本的には彼女がまじめに勉強していなかったことに起因しています。心理学をやっていても、就職できる人は就職しています。企業は汎用性を求めているから、専攻が心理学であろうが、ロシア文学であろうが、マクロ経済学であろうが、ほとんど関係ない。ある分野で難解なものを処理できる人は、ほかの仕事も処理できるから、何を専攻していても、きちんとしたスペックを示すことができれば、問題はないんです。院生で、きちんとした就職をしたいなら、たとえば英検の準1級を取っているとか、地方公務員の上級試験を受けるとか、一般に認められた、汎用性の高い資格をとっておくべきでしょう。みくりはそうした戦略を何も立てていなかったわけです。

このあと、派遣の契約も打ち切られて職を失い、就活フォビア（就職活動恐怖症）になったみくりは、父親に、京大卒で独身のシステムエンジニア津崎を紹介され、そこで家事代行アルバイトをすることになります。

やがて「住み込みの家事代行スタッフを雇う感覚の契約結婚」を提案したのは、みくりのほうでした。献身的な仕事ぶりと適度な距離感を津崎から感謝され、「誰かに、選んでほしい。ここにいていいんだって、認めてほしい」と感じたことがきっかけでした。

津崎が、その提案を受け入れる場面です。

津崎「試算してみたんです」
みくり「？」
　津崎、自分で作成した資料を次々と並べながら。
津崎「家賃水道光熱費等の生活費を折半した場合の収支、食事を作ってもらった場合の外食との比較、毎週家事代行スタッフを頼んだ時との比較」
みくり「……」
津崎「そして、こちらが、ＯＣ法を基に算出した専業主婦の労働力になりますが、年収に換算すると」
みくり「３０４・１万円！」
津崎「それです。これを基に時間当たりを算出し一日7時間労働と考えた時の月給がこちら、そこから生活費を差し引いたときの手取りがこちらで、さらに健康保険や扶養手当を有効利用した場合の試算もしてみました」
みくり「……？」
津崎「これは『事実婚』の提案です」
みくり「事実婚？」

津崎「戸籍はそのまま、つまり、籍は入れずに、住民票だけを移すという方法です」
みくり「……」
津崎「もちろん諸条件は話し合う必要がありますが、試算した結果、事実婚という形で森山さんをここへ住まわせ、給与を支払い主婦として雇用することは、僕にとっても有意義であるという結論に達しました」
みくり「……！」
津崎「どうするかは、森山さん次第で――」
みくり「やります！」
津崎「！」
みくり「雇ってください！」

ＯＣ法というのは、「機会費用法（Opportunity Cost method）」のこと。家事労働を外での労働に置き換えた場合、得られる報酬はいくらになるかという計算法です。

こうして二人は、雇用契約書を交わし、一緒に暮らし始めます。みくりの給与は月額十九万四千円で、折半の水道光熱費などがそこから引かれます。

さて、経済合理性に基づいた「事実婚」とはいえ、結婚というかぎり、問題となるのは夫婦関係のありかたです。

みくり「あ、津崎さん。同居にあたって、夜の生活の方は」
津崎「!?」
みくり「あっ、寝室を、どうするかという」
津崎「もちろん別です！　別です。ご安心ください。僕は、プロの独身なんで」
みくり「プロの、独身？」

津崎は三十六歳で、高齢童貞という設定です。実際ならば「非モテ」のレッテルが貼られてしまうでしょうが、星野源の名演技のせいもあって、ドラマのなかでは高スペックの好青年（パートナーとして扱いやすくもある優良物件）というイメージで描かれていました。

ここにも時代を感じることができます。このドラマ『逃げ恥』から二十四年ほど前の一九九二（平成四）年に、同じＴＢＳで作られた『ずっとあなたが好きだった』というドラマがありました。賀来千香子と佐野史郎が夫婦で、野際陽子が佐野の母親役。佐野演じる母子密着のマザコン男性、冬彦さんはまさに当たり役となりましたが、当時の反応の大方は、「マザコン、超気持ち悪い」というものでした。私には、冬彦さんと津崎のキャラクターはあまり変わらないと思います。津崎は心の優しい男性として描かれますが、女性であるみくりの気持ちはあまり理解していません。

では、なぜ冬彦さんと津崎の評価が異なるのか。そこに、この二十数年における生活保守主義の浸透をみることができるでしょう。生活の安定を保障してくれる男性への評価が、確実に高くなっているのです。システムエンジニアの津崎は、リストラはされるものの、すぐに次の職場が決まります。相対的貧困への防波堤としては十分に合格点なのです。

利用される「家族」

ドラマの後半で、津崎はきわめて興味深い計画を立て、みくりを高級レストランに誘ってプロポーズします。

津崎　「**試算してみたんです**」

みくり「？」

津崎、自分で作成した資料を次々と並べながら。

津崎「結婚すれば、雇用契約は必要なくなります。今までみくりさんに支払っていた給料分が浮いて、生活費ないし貯蓄にまわすことができます」

みくり「！」

津崎「結婚するのとしないのとでは、3年後、5年後をシミュレートするとこれだけの差が出ます」

みくり「……」（略）

津崎「つまり結婚した方が、お互いにとって有意義であるという結論に達しました。つきましては――」（略）

みくり「結婚すれば給料を払わずに私をタダで使えるから、合理的。そういうことですよね？」

津崎「そういうことに？」

みくり「なってます！」（略）

津崎「僕のことが、好きではないということですか？」

みくり「それは、好きの搾取です！（略）わたくし森山みくりは、愛情の搾取に、断固として、反対します！」

結婚というのは、家事労働という形で愛情を搾取しているのではないか。これは、現在の家族の構造の非常に鋭い部分を突いています。みくりのセリフに、〈結婚し専業主婦になるということは、生活費の保証、つまり最低賃金をもらうこととイコールだと思うんです。でも最低賃金はあくまで最低賃金。食わせてやってるんだから黙って働けと言われても、限界があります〉とある通りです。

二人は結局、雇用関係を解消して共同経営責任者としてやり直すことにします。家事労働に対価が支払われなくなった途端、みくりの掃除がいい加減になるのは示唆的です。「いままでは仕事だから完璧にやっていたが、生活に困らない程度にきれいなら生きていけると思っている」という本音が出ています。

安倍政権はしきりに女性の活躍を謳っていますが、そこには裏の意図があるのではないか、と私は考えています。政府が女性のために政策として用意できている仕事は何かと考えれば、介護・医療です。介護・医療は、比較的低賃金ではあるけれど、景気に左右されませんから、男性の雇用が失われた場合のセーフティーネットになりえます。つまり、家庭という単位で考えたとき、女性の仕事が確保されていれば、家庭の生活はなんとかなるというわけです。結局、国や企業といった組織は、生活の面倒を見きれなくなった部分を、家族という形に吸収させていこうとしているのです。

人間で、生きていて、死んでいない

『逃げ恥』のすぐあとに、日本テレビが放送したドラマが『東京タラレバ娘』（脚本・松田裕子）です。東村アキコ原作の漫画（講談社）とは少し設定が違うのですが、「～たら、～れば」ばかり言っているうちに三十歳になった高校の同級生三人の話で、売れないシナリオライター倫子を吉高由里子さん。ネイルサロンを経営する香を榮倉奈々さん。父親の居酒屋を手伝う小雪を大島優子さんが演じました。

このドラマのメッセージは、さらに直截で、容赦のないものです。

まず、会社は絶対に辞めてはいけない。どんなにブラックな会社だと思っても、フリーランスになって生きていけるほど、世の中は甘くない。

次に、不倫は時間の無駄。特に、三十代になってからの不倫は犯罪だから、絶対しない。セカンドもダメ。本命に次ぐ二番目の彼女だと思っていても、サードだったりフォースの場合があるから、それも不毛。つまり、結婚につながらない恋愛はまったく意味がないというわけです。

結婚には時期が三回ある、という話も出てきます。一回目は二十二、三歳で、相手は高校か大学の同級生。結婚式に、女友達は美容院でセットをし、新調したドレスでやって来る。二回目は三十直前くらいで、相手は会社の同僚。男のほうが見劣りするけれども、この辺で駆け込んでおかなければ、という焦りで結婚する。女友達は、髪の毛は自分でセットして、有り合わせのドレスでやって来る。三回目は三十五歳。原作の漫画によれば、結婚相手の条件は、三つしかない。人間で、生きていて、死んでいないこと。

こうしたユーモラスな表現から立ち上がってくるのは、女性がシングルで生きていくことがいかに大変かという、ヒリヒリするような切実さです。ここでは、家族や結婚は、恋愛至上主義に対するアンチテーゼであり、自己実現ではなく、生活の安全保障にほかなりません。まさに現代の生活保守主義を、きわめて巧みに表現しています。

コンビニを内面化

こうした『逃げ恥』、『タラレバ娘』のさらに一歩先の世界を描いているのが、村田沙耶香『コンビニ人間』（文春文庫）です。そこでは生活保守主義がしがみつこうとしている「平均的な暮らし」そのものが、ラディカルに相対化され、疑問を付されています。

主人公は、恋愛も就職も経験のない、コンビニアルバイト歴十八年の古倉恵子、三十六歳です。冒頭から読んでみましょう。

コンビニエンスストアは、音で満ちている。客が入ってくるチャイムの音に、店内を流れる有線放送で新商品を宣伝するアイドルの声。店員の掛け声に、バーコードをスキャンする音。かごに物を入れる音、パンの袋が握られる音に、店内を歩き回るヒールの音。全てが混ざり合い、「コンビニの音」になって、私の鼓膜にずっと触れている。

見事な導入部です。コンビニの中の音の描写が印象的なこの導入部を読むと、私は東京拘置所の生活を思い出します。静寂な印象がある獄中にも、さまざまな音がありました。まず聞こえてくる足音で、どの看守かすべてわかります。看守の一挙手一投足が、我々の生殺与奪のすべてを握っているからです。受刑者が最も敏感なのは、鍵の音です。看守が歩きながら鍵束を出す音のタイミングで、自分の房が開くかどうか、ほぼ一〇〇%わかります。私の両隣の房には確定死刑囚が収監されていました。もしも朝早く、その鍵を回す音がすれば、刑の執行を意味するのです。

チャリ、という微かな小銭の音に反応して振り向き、レジのほうへと視線をやる。掌やポケットの中で小銭を鳴らしている人は、煙草か新聞をさっと買って帰ろうとしている人が多いので、お金の音には敏感だ。案の定、缶コーヒーを片手に持ち、もう片方の手をポケットに突っ込んだままレジに近付いている男性がいた。素早く店内を移動してレジカウンターの中に身体をすべりこませ、客を待たせないように中に立って待機する。

「いらっしゃいませ、おはようございます！」

軽い会釈をして、男性が差し出した缶コーヒーを受け取る。

まわりの音や客のちょっとした視線の動きで、先読みができるようになってくる。規則的なリズムや動きに感覚が馴致していったあげく、それによって身体が反応できるようになったわけです。

恵子の朝食は、その日の朝コンビニで買った廃棄寸前のパン。昼は休憩時間に、おにぎりとレジ横のファーストフード。店の商品を買って帰って、夕食にしています。〈私の身体の殆どが、このコンビニの食料でできているのだと思うと、自分が、雑貨の棚やコーヒーマシーンと同じ、この店の一部であるかのように感じられる〉という暮らしを送っています。

恵子は子供の頃から、周囲から変わり者だとみなされていました。コンビニ店員としてマニュアル通りに働いているときだけ、自分が〈世界の正常な部品〉でいられると感じています。いわばコンビニを内面化することで、恵子は世界と結びついているのです。

マルクス的疎外と新しいリアリティ

そんな恵子が働いている店に、白羽さんという三十五歳の男がバイトで入ってきます。

彼は大して働きもせず、客の女性を物色してはストーカーまがいの行為に及び、クビになります。この白羽さんは、自分が受け入れられないのは社会が悪いのだ、という身勝手な理屈を延々と語ります。いわば「平均的な暮らし」から脱落してしまった人物像として、まことに秀逸です。

以下は恵子と白羽さんの会話です。


「白羽さん、前に強い男が女性を手に入れるって言ってましたよね。矛盾してますよ」

「僕は確かに今は仕事をしていないけれど、ビジョンがある。起業すればすぐに女たちが僕に群がるようになる」

「じゃあ、先にちゃんと白羽さんがそういう風になって、実際に群がってきた女性の中から選ぶのが筋なのではないですか？」

白羽さんは気まずそうに俯き、「とにかく、みんなが気が付いていないだけで、今は縄文時代と変わらないんだ。所詮動物なんだ」と、論点がずれたことを言った。

「僕に言わせれば、ここは機能不全世界なんだ。世界が不完全なせいで、僕は不当な扱いを受けている」

そうなのかもしれないと思ったし、完全に機能している世界というものがどういうものなのか、想像できないとも思った。「世界」というものが何なのか、私にはだんだんわからなくなってきていた。架空のものであるような気すらする。

私は時々、虎ノ門や新橋の立ち飲み屋に一人で行って、耳に入ってくる客の会話を聞いています。話のパターンはだいたい二つです。一つ目は「オレは能力が高いのに、会社から正当に評価されてない」。二つ目は「こんな会社、辞めてやる。オレたちで起業しようぜ」。どちらもダメな人間が好む話題です。同僚と酒を飲みながら、自分がいかに不当な扱いを受けているかと管を巻いている人間が、肯定的な評価をされることは今後もありえないでしょう。

白羽さんは、他人から文句を言われないために結婚をしたいと考えています。まさに生活保守主義への逃避です。それに対し、恵子は「婚姻だけが目的なら私と婚姻届を出すのはどうですか？」と提案し、自分のアパートで〈白羽さんを飼い始め〉ます。バスタブに座布団を敷き詰めて寝起きする白羽さんに、茹でた野菜にご飯という〈餌〉を与えます。

世の中の基準やシステムに合わせるために結婚する、という彼らのあり方は、ある意味で、前にも増して異様なものですが、周囲は、ようやく彼らが普通になってくれたと喜びます。このあたり、強烈なアイロニーです。

より「まともな生活」を求める周囲からの圧力を受けて、恵子はバイトのコンビニを辞めざるを得なくなり、普通の企業への就活を始めます。コンビニを辞めた後、恵子は心身の不調に苦しみますが、相変わらず働かない白羽さんに連れられ、初めての就職面接に向かいます。そして、途中でコンビニに立ち寄る。ここが全編のクライマックスになります。

私もトイレに行っておこうかと、白羽さんを追いかけてコンビニに入った。自動ドアが開いた瞬間、懐かしいチャイムの音が聞こえた。

「いらっしゃいませ！」

私の方を見て、レジの中の女の子が声を張り上げた。

コンビニの中には行列ができていた。時計を見ると、もうすぐ12時になろうというころだった。ちょうど昼ピークが始まる時間だ。

レジの中には、若い女の子が二人だけしかおらず、一人は「研修中」のバッジをつけているようだった。レジは二台で、二人ともそれぞれのレジの操作に必死だった。（略）

そのとき、私にコンビニの「声」が流れ込んできた。コンビニの中の音の全てが、意味を持って震えていた。その振動が、私の細胞へ直接語りかけ、音楽のように響いているのだった。

この店に今何が必要か、頭で考えるよりも先に、本能が全て理解していた。

はっとしてオープンケースを見ると、「今日からパスタ全品30円引き！」というポスターが貼ってあった。それなのにパスタが焼きそばやお好み焼きと混ざって置いてあり、ちっとも目立っていない。

これは大変だと、私はパスタを冷麺の隣の目立つ場所へ移動させた。女性客が不可解な目で私を見たが、そちらを見上げて「いらっしゃいませ！」と言うと、社員なのだろうと納得した様子で、綺麗に並べ終えたばかりの明太子パスタをとっていった。

面接前にトイレを借りに入っただけなのに、コンビニの音とリズムに、恵子の身体はたちまち反応し、コンビニの一部として動き出します。そして「気が付いたんです。私は人間である以上にコンビニ店員なんです。人間としていびつでも、たとえ食べて行けなくてのたれ死んでも、そのことから逃れられないんです。私の細胞全部が、コンビニのために存在しているんです」と恵子は宣言するのです。

マルクスは『経済学・哲学草稿』(一八四四年)で「疎外論」を展開しました。自分の作る物が自分のものにならず、資本家のものになってしまうことで、人間は物から疎外される。すると、本来は自己実現で楽しいはずの労働が、苦役になってしまう。労働からの疎外です。そうなると、労働を通じて結びついている人間同士がバラバラにされてしまう。これが人間からの疎外となります。こうした疎外のシステムをやめて、本来の形に戻らなければいけない、というのが初期マルクスの考え方でした。

この『コンビニ人間』はマルクス的な疎外が行き着いた先を示していると同時に、恵子が〈完全に機能している世界というものがどういうものなのか、想像できないとも思った。「世界」というものが何なのか、私にはだんだんわからなくなってきていた。架空のものであるような気すらする〉と述べているように、取り戻すべき本来の形などあるのか、という問いかけのようにも思えます。

この作品は、大学生などの若い世代に強い共感をもって読まれています。作者が描いたこの世界に、新しいリアリティを感じるからでしょう。

一九六七年に高橋和巳が『我が心は石にあらず』で描いた革命の敗北と生活保守主義へ

の回帰は、そのあとに現われてくる全共闘世代の人たちが、どういう形で闘争の出口を見出すのかを予告していました。優れた小説は半歩から一歩先に時代を描いていきます。『逃げ恥』や『タラレバ娘』のようなドラマが、いま、この瞬間を鮮やかに切り取って映しているとすれば、『コンビニ人間』は一歩先の現実を、私たちに示しているといえるでしょう。

第九章　現場で役に立つ組織術

実体験に基づくサバイバル術

最後の章ではテキストを離れて、より実践的に組織を生きぬくノウハウをお伝えしたいと思います。真理とはいつも具体的なものです。私が実践して、ほんとうに役に立つと検証されたサバイバル術を挙げてみました。

よく月並みなビジネス書には、「酒を飲まなくても、仕事ができればハンディにならない」とか「理不尽な上司に対しては正論でぶつかれ」といったことが〝職場で役立つノウハウ〟として紹介されていますが、こんな観念的なお説教は、実際には何の役にも立ちません。

これから述べることは、すべて私の実体験に基づいています。たとえば詳しくは後述しますが、組織はかならず位が上の者に味方しますから、上司とは絶対に喧嘩をしてはいけません。また、酒に酔わせて秘密を聞き出すことが、仕事上、有利な状況を作り出すことはしばしばあります。さらにいえば、「若い頃の苦労は、肥やしになる」ということを言う上司がいますが、それを額面通りに受け止めてはなりません。若い頃の苦労は確かに肥やしになりますが、自分ではなく、上司を肥らせるための養分になるのです。

これらは組織の構造と力学、人間の行動様式を理解することで、いざというときに使える知識として、より深く定着させることができるでしょう。

組織にも、それを構成する人間にも限界があり、合理的な面とそうでない面が交じり合っています。自らが所属する組織の限界を十分認識した上で、最大限、自由に行動することがビジネスパーソンとして成功する秘訣だと思います。

プロテスタント神学者のカール・バルトは、人間の自由は「制約における自由」であると強調しました。真に自由な個人とは、自分の能力、適性、感情制御力がどの程度であるかという限界を見極め、そのうえで行動できる人間なのです。

人物を見分ける最大の武器は「直観」

組織を生き抜くとき、最も肝心なのは人物を見分けることです。上司、同僚、取引先に至るまで、誰がどの程度信頼できるのかがサバイバルの鍵を握ります。

しかし、この人物の見分け方ほど難しいものはありません。さまざまなテストを試みたりすることはできますが、経験上、最も重要なのは「直観」、それも第一印象です。最初に遭遇したとき、この人とはどこか波長が合わないとか、丁寧なんだけれども、どこか違和感があると感じた場合には、だいたい後で何らかのトラブルが起きる確率が高い。直観がそのようにアラームを鳴らす相手については、基本的には、極力、ご縁をつけないほうがいいでしょう。もちろん、直観が外れることもありますから、その後の検証はつねに心がけ、必要に応じて修正する準備はしておくべきです。ただし、私は自分の直観を信じて失敗したことはほとんどありません。

ところが、合わないと感じている相手と、どうしても付き合わざるを得ない場面が出てくるのが仕事というものです。その場合に大事なことは、苦手なタイプであるほど、相手との会話を記憶しておくことです。特に重要なのは、自分の発言です。相手が何を話したかはあまり関係ありません。自分が相手にどんな情報を提供したかを正確に記憶しておくのです。

なぜなら、トラブルのほとんどは、言葉から生じるからです。経験則上、秘密というものは九九%、自分の口から漏れる。相手に対して持っている好もしからざる感情も、自分でしゃべっていることが多い。

何を喋ったかを意識的に覚えておくことは、不用意な発言を抑制することにつながります。記憶はリスク・マネジメントの基本です。

会話と見た目で見極める

では、一般論として、信用できる人物の条件とは何か。

私のチェックポイントは、まず会話です。インテリジェンスに関わる人間の間では、相手の知識や分析の深度を最初に測っておくために、ちょっとしたジャブの応酬を行なうことがあります。極端に単純化した例を挙げるとすると、たとえば「中国の十年後の人口はどうなっていますかね?」と話を振ってみる。そのとき、「ずいぶん増えるでしょうから、七、八億人にはなっているでしょう」と言い出したり、逆に、「現在の人口は四十億人ですから、十年後には百億人に達するでしょう」と答えたりしたら、その人物は問題外です。いくら現在の習近平体制の内実をもっともらしく語ろうと、基本的な人口も押さえていないようでは、その分析に信頼がおけるはずがありません。

次のポイントは持ち物です。例えば、オーダーメイドのスーツに安いクオーツ時計をしているとか、ユニクロのトレーナーを着ているのにエルメスのバッグを持っているとか、アンバランスな恰好をしている相手には注意が必要です。服装は、その人間の表現のひとつであり、本人が意識している以上に、その内面があらわれてしまうものでもあります。初対面のときには、服装、持ち物、小物に対しては注意を払ったほうがいい。

例えば、私が逮捕されたときに弁護士をどうやって決めたか。東京地方裁判所で最初に大森一志弁護士に面会したとき、彼は安いビニール傘を持って、ごく標準的な時計をしていました。私はこの人は、自分を等身大で表現している。それだから仕事でもつまらない駆け引きはしないだろうと思いました。翌週に弁護団に加わったのが緑川由香弁護士ですが、頭の回転が速いだけでなく正義感が強い。第一印象として好感を持ちました。その判断は実際に正しくて、彼らは極めて誠実に対応してくれただけでなく、私の五百十二泊に及ぶ拘置所暮らしの支えになってくれました。仮に、仕立ての良いスーツを着て数百万円の時計をしているような弁護士ならば断っていたでしょう。

逆の見方をすれば、自分を相手にどのように見せるかも重要です。たとえば、私がモスクワの日本大使館に勤務していたときは、自動車を使い分けていました。相手がロシアの金融資本家であるとか、クレムリンに乗り込んでいくときなどには、大使館の公用車であるトヨタの黒塗りのレクサスに運転手をつけて行きます。旧知の間柄で、つつましく暮らしているような学者を訪問するときには、ロシア製の車（ラーダ5型）を自分で運転して行くのです。

では、ロシアの国会議員に会うときには、何に乗っていくのか？　私は必ずロシア製の車で行きました。自動車大国である日本の外交官が、ロシア製の車に乗るということは、ロシアの政治家のプライドとナショナリズムをくすぐるわけです。そうしたときには、野暮ったいのですが、ロシア製の背広を着ていきました。ロシア製の背広はボタンの糸の縫い付け方がクロスになっているから、注意深い人にはそれで分かるのです。

人物の見極めには、言語による認識と非言語によるもの、双方を駆使する必要があります。そして、自分もまた、相手から見定められているということを忘れてはなりません。

師をいかに選ぶか

上司は選べませんが、師は選ぶことができます。そのときに押さえておくべきことは、師匠は基本的に一人にしぼることです。少なくとも、分野ごとに一人の師匠を選び、ついていくことをお勧めします。

なぜ一人にしぼるかというと、何かを学ぶときには、まず型を覚えなければなりません。型とは、ひとりの中で完成されているものです。複数の師匠についたら、それぞれの型がぶつかり合い、混乱するばかりです。たとえば茶の湯を例に挙げるなら、表千家、裏千家、武者小路千家を同時並行で三つやっても、ものになるはずがありません。ある分野で極意を極めた一流の人で、しかも自分とフィットする人を師匠と決めることです。

では、一人の師匠を決めた後に、さらに優れた師匠と出会ったらどうするか。悩ましい問題ですが、師匠は乗り換えないほうがいいと考えます。結婚と同じで、一度決めたら一生ついていく。途中で乗り換えるとなると、離婚と同じぐらいのストレスとダメージを抱えることになります。だから師匠を決めるときは、一生の大事を決するつもりで、くれぐれも慎重に行なうべきです。

師は生きている人間である必要はありません。死んだ人とも対話はできます。私の神学における師はチェコの神学者、ヨゼフ・ルクル・フロマートカ（一八八九～一九六九年）、経済だったらマルクス経済学者の宇野弘蔵（一八九七～一九七七年）ですが、二人とも著作を通じた師匠であり、会ったこともありません。日本の政治ならば鈴木宗男さん（新党大地代表)、ロシアの政治だったらゲンナジー・ブルブリス(エリツィン大統領時代の国務長官)が私の師匠です。

日本の政治家でいえば鈴木宗男さんよりも中川昭一さんとの出会いのほうが早いのですが、いろいろな方と接した上で、鈴木さんを師匠とした理由は「必ず約束を守る」からでした。

私がモスクワの日本大使館に勤務していたときに、さまざまな国会議員がやってきては、「北方領土返還のために、俺たちが政治家として出来ることがあるか?」と尋ねました。私の答えは誰に対しても同じで、「年に一回モスクワに来てください」というものでした。「年に一回モスクワに来ていただければ、私がそのときに持っている最良の人脈を紹介します。そして十年後にトップと会えるような関係を作ります」と。私は、北方領土返還は、トップ同士の政治決着でしか成しえないと確信していました。その土壌を作るためには、ロシアのクレムリンのあらゆるところに人脈を張り巡らせ、賛同してくれない敵の中にも人脈を築かなくてはならない。一年に二、三日滞在したとして、その間に紹介できるのは四、五人です。ロシアのキーパーソンは二十人ぐらいに限られるのですが、その全員と人間関係を構築するには十年はかかる。それが出来なくては、真剣に北方領土交渉を行なう首脳会談の準備はできません。

その約束を守ったのは鈴木さんだけでした。正確に言うと、鈴木さんは年に二回モスクワに来ました。私のほうでも約束を守り、十年目には、プーチン大統領に鈴木さんを会わせました。

人脈はＡＢＣに分ける

組織と付き合う、組織で生きる上で、人脈は武器であり、時に命綱にもなります。

仕事で人脈を作り、維持していく際に重要なのは、その重要度をきちんと認識することです。たとえば重要度に応じて、【Ａボックス】【Ｂボックス】【Ｃボックス】に分類しておいてはどうでしょうか。

【Ａボックス】に入るのはおおよそ五人以内です。なんでもお願いできる関係で、たとえ利害相反になっても助けてくれるような人です。もっと具体的にいえば、借金の連帯保証人になってもいいぐらいの結びつき、つまり二千万円ぐらいの出費なら覚悟できるような間柄です。

こうした特別な関係を構築し、さらに維持するには、相当な能力が必要で、コストも時間もかかります。だから、この【Aボックス】には多くの人は入りません。最大でも十人でしょう。もちろん、一人でも二人でもいい。こうした「刎頸《ふんけい》の友」ともいえる存在がいるのといないのとでは、仕事も人生もまったく変わってきます。

人脈を構築し、長期的に維持するには、会食が非常に有効です。

逆算して考えると、一年のワーキングデーは、およそ二百五十日。その昼夜を誰かとご飯を食べるとしても、その枠は五百しかありません。きちんと情報が取れる人間関係を保つには、月に一回ぐらいの頻度で会食をするのが望ましい。すると、一年で十二の枠が持っていかれる。二人なら二十四枠です。プライベートな時間も必要ですし、毎日そんなペースで外食を続けていたら成人病のリスクも高くなる。こうして考えると、自分の持ち時間は意外に少ないんだなとわかってきます。

経験上言いますと、一般的に【Aボックス】の人たちは別として、人脈維持のための会食は、三カ月以上のインターバルを置かないと長続きしません。理想的なのは四カ月から半年に一回。それならば十年つづきます。月一度といった頻度では、途中から相当なストレスがかかってきて、むしろ会を維持することが目的化してしまいます。

毎月集まるような会合であれば、必ず期限を決めておくことです。たとえば六回やった後で一度は解散する。再開するにも、クールダウンの期間を取った後にする。終わりを決めない会合は、維持そのものに使うエネルギーがかかりすぎるので、意味がありません。

維持と整理の勘どころ

二番目の【Bボックス】に分類されるのは、専門的な情報源にアクセスできて、かつ本当のことを教えてくれるという二つの条件を満たす人です。実は、この【Bボックス】のマネジメントが最も難しい。

この【Bボックス】に一人の人間がキープできる人脈は、およそ二十〜百人。相当にフル回転で仕事に専念したとしても、百人が限度でしょう。その百人も、メンバーを固定しておくわけにはいきません。相手が異動したり、加齢で衰えたり、パラダイムが変わって、必要となるテーマが変わったりといった状況の変化が必ず生じます。すると、人脈の整理を行なう必要があるのですが、これが難しいのです。一気に関係を断ち切ってしまっては、どうしても恨みが残る。徐々に、穏やかにフェードアウトする必要がありますが、それには一定のエネルギーを注がねばなりません。

余談ですが、このことは異性とどうやって別れるかにも通じるところがあります。そのとき勉強になるのが、水商売のプロです。そもそも最初に客を選別する品定めの基準、いかにして相手の関心を引きつけ、お店に足を運ばせるか、あるいは、客にお金がなくなったときにどうやって関係を切っていくかなどなど、人間関係をお金に変換して生きている、凄腕のプロたちからは学ぶものは非常に多いと思います。

【Bボックス】での最大の課題は、人脈のメインテナンスです。それには時間もお金も労力もかかります。しかも、たとえ役に立たなくなった人脈でも簡単には切れない。それが人のつながりというものです。世間は狭いですから、簡単に人脈を切る人は、周りからその様子を見られている。すると、良質な人脈を構築するのは次第に難しくなっていきます。

最後の【Cボックス】は、最大二千人から三千人のリストになります。いま使わなくてもいいんだけれども、何かあったときに連絡がつけばいいという人たちで、具体的にイメージするなら、デスクに置いておく名刺ファイルで検索できる人たちです。

このように人脈とは、漫然と多くの人と付き合うことではありません。自分の仕事の必要度に応じて、いつでも適切に使えるようになっていなければ人脈とはいえないのです。

A、B、Cどのボックスに振り分けて、どの程度の深さで付き合うか、そして、どこで見切りをつけるか。そこをきちんと整理しておくことが、人脈づくりの要諦といえるでしょう。

酒を飲めない人が不利な理由

酒は強力なコミュニケーション・ツールです。酒が飲めない人は仕事において有利か不利かといえば、結論としては不利になります。これは酒飲みの自己弁護ではなく、厳然たる事実です。

なぜかといえば、人間は酔ったときに秘密の話をする傾向があるからです。そして酒飲みは、酒を飲まない人間を信用しない傾向があります。情報を持っている人間が酒飲みならば、こちらも酒飲みであったほうが圧倒的に有利です。だから、酒は仕事に関係ないというのはウソです。

たとえばロシア人は酒席で人相見をします。私自身、酒が強い体質だったからロシアの中枢まで入り込めた部分も大きいのです。ハバロフスク地方知事との夕食会に、鈴木宗男さんと当時のロシア課長である篠田研次さんと私が同席したときのことです。篠田さんは酒を受け付けない体質でした。一方、ハバロフスク地方知事はウオトカを三本ぐらいは平気で飲む酒豪で、地元の強精剤入りのウオトカを持ってきてふるまうのが趣味でした。宴もたけなわとなった頃、篠田課長が一滴も酒を口にしていないことに、知事が気付き、「鹿の角の粉入りウオトカはあなたの口に合わないのですか」。すると課長は、ショットグラスではなく、ロックグラスを目の前に置いて、知事が注ぎ終わると、それを一気にあおったのです。酒席は愉快に進んだのですが、課長は、翌日、病院に運ばれました。しかし、知事はそれをきっかけに篠田課長に親近感を強めたのです。

「適量」とはどのくらい？

では、「酒の適量」とはどのくらいになるのでしょうか。仕事や情報に関わる酒という点でいえば、相手の口が滑らかになっているのだけれども、自分は記憶と意識がはっきりしていて不利なことも口走らない、そうした状態が「適量」です。

これも余談ですが、酒の飲める人にとっても、ノンアルコール・ビールやノンアルコール・ワインは結構使えます。途中で、本物のビールやワインからうまく切り替える技術を身につけておけば、飲み比べの勝率を相当上げることができる（笑）。さらに翌日のダメージを軽減することもできます。外交官時代、私は時々ウーロン茶と麦茶を混ぜた〝偽ウィスキー〟を作らせていました。酒席において同じ色のものを飲んでいないと、酒飲みは気分を害するからです。ただし、相手にバレたら、「お前、人を騙しているのか」となりますから、あらかじめウェイターと打ち合わせをしておく必要があります。それを頼めるホームグラウンド的なお店を作っておくことも含めて、インテリジェンスなのです。いま日本のビジネスシーンでは、こうした飲み比べは少なくなったかもしれませんが、韓国人や中国人が相手だと「私のつぐ酒が飲めないのか」という場面が出てくることもあります。

酒席の上で相手が漏らした秘密は、翌日になっても、相手に確認してはなりません。確認してしまうと、相手は秘密をしゃべってしまったことを思い出して、次回以降、酒を飲んでも警戒して口が堅くなってしまいます。向こうが「昨日、こんなこと言ったっけ？」と確認してきたら、「あー、そんなことを言われていたかもしれませんね」と答えるのは構いませんが、こちらから確認してはいけない。

よく「酒の上でのたわごとだから、本気で取らないでくれ」という言い訳を聞きますが、私の経験上、酒を飲んだ上での話に、与太やガセはないと考えた方がいい。酒を飲んでポロッと出てくるのは、意識の深い層にあることばですから、本音である可能性が高いのです。私自身、そう判断して失敗したことは、今までに一度もありません。

その意味で、冗談も重要な情報ソースです。冗談の中には半分の真理が含まれているからです。上司や同僚が冗談で当てこすりをしてきたときには、その底には悪意があると思って間違いありません。これは酒席でもシラフのときでも変わりありません。

繰り返しになりますが、酒席であっても、自分が話したことを覚えておくのは重要です。そして余計なことを話してしまっても、翌日、謝って回らないこと。謝って回ると、気にしていることを知られてしまうからです。

さらに上級のテクニックとしては、正気は保ったまま、あたかも酩酊して余計なことを喋っているフリをするというものがあります。ここで忘れてはならないのは、目の前でだらしなく酔っ払っている相手が、まさにこの「酔ったふり」戦術を使っている可能性があることです。相手がどの程度の「飲み手」か見極める力も必要となってくる。その意味では、酒席こそ激しい情報戦の戦場でもあるのです。

上司と戦ってはいけない

多くのビジネスパーソンにとって、組織における悩みの大半は上司と部下の関係から派生してきます。では、そりが合わない上司とはどのように戦ったらよいのでしょうか？

私の答えはシンプルです。上司とは戦ってはなりません。なぜなら上司は組織を体現するものだからです。上司と戦ったとして、たとえ局地戦で勝利したとしても、次の上司が出てくるだけでしょう。そして三人目の上司が送り込まれるころには、組織に反抗した人間として必ず潰されます。上司と戦っていい目をみている人間が本当にいるかどうかをよく観察してみてください。その戦いにエネルギーを割くことになってしまえば、仕事もうまく回っていきません。しかも、組織が本気になって、その個人を調べ上げたら、二つや三つは何か都合の良くない事実が出てきます。その気になれば、デッチ上げや歪曲も可能です。外務省という官僚組織に切られた私が言うのですから、間違いありません。

そもそも「上司と戦う」という発想を持つこと自体、組織の本質を理解していません。個人としての上司を追い出すことはできるかもしれません。しかし、組織の一員としての上司には絶対に勝てない。いかなる上司も――部下から見てどんな駄目な上司でも――人事という組織の判断の結果、そのポジションに置かれています。だから、上司に逆らうことは、組織に逆らうことにほかなりません。個人はいつも一人、組織はいくらでも人を入れ替えることができる。組織の数的優位は明らかで、戦力の大きいほうが最終的に勝つのは軍事の初歩中の初歩です。

上司との戦い方があるとすれば、たったひとつ、それは仕事で成果をあげることです。仕事で成果を上げている限りにおいては、上司は部下を評価せざるを得ません。なぜなら、それは上司自身の評価につながるからです。もっとも成果を上げすぎると、かえって上司に疎まれる可能性もありますが、通常は、部下の業績に嫉妬して妨害するような中間管理職は、会社の利益を阻害する存在ですから、いずれ排除される運命を辿ります。会社は営利を追求する組織ですから、その組織の論理に則している限りは、多少のことは許されます。

もうひとつ、職場を息がしやすい環境にする裏技として、自分が属しているラインではなく、斜め上の立場の上司で、信頼できる人を作っておくこともお奨めできます。ヤクザ社会でいえばオジキですね。自分の課で起きていることを、社内の別の角度から見てもらう。そのアドバイスは参考になります。官僚時代の私にとっては、東郷和彦元欧亜局長がそうした存在でした。ただし、このときに気をつけなければならないのは、この斜めの関係をあまり顕在化させないことです。これが表に出てしまうと、直属の上司から嫉妬の対象となりかねません。

それから上司同士、たとえば課長と部長の仲が悪い場合はどうしたらいいのでしょうか。忠誠心の配分をどう置くかという問題ですが、基本的には直属の上司についたほうが無難でしょう。日々の業務に支障が出ますし、直接の上司に従うことを否定してしまっては組織が成り立たないからです。ただし、直属の課長の判断が極度に変な場合には、保険をかけておく必要があります。そのときには、課長に六〜七、部長に三〜四くらいでバランスを取る。そうして事態の収束を待つのが上策だと考えます。

部下の正しい叱り方

では、上司として部下とはどう接したら良いのでしょうか。

部下の叱り方は、はっきり言って、その部下によります。同じように叱っても、その反応は人によってまるで違う。患者を診て薬を処方する医師のマインドが必要です。

もっと踏み込んでいえば、基本的に部下は叱らないほうがいい。よく言われることですが、今の部下は叱責にあうと折れやすいというのは事実でしょう。とくに官庁や大企業に集まる若者の多くは偏差値六十以上の大学を卒業しています。彼らは中学や高校で、一度はクラスで成績上位に属した経験がある。すると、その時点を起点として自己評価を確立していますから、プライドが非常に高い。子どものころから褒められるのに馴れていて、叱られた経験に乏しいのです。叱るのも、叱られるのも経験と技術が必要です。エリートであるほど、叱られる能力は低いのです。

そういう部下に対して、「君はプライドは非常に高いけれども、実力は低いね」と本当のことを言うのがいちばんいけません。なぜかというと、能力不足であることを気づかせてしまうからです。感情的に反発するか、萎縮してやる気をなくしてしまうかのどちらかでしょう。

上司に求められているのは組織の力を最大限に活用することですから、部下を叱ってもほとんどプラスに働きません。逆に部下は褒めるべきです。「こうやれば、もっと成果が上がる」と提案したり、「君のことは頼りにしている」と肯定してあげるのです。

もうひとつ組織における叱責には、社員の差異化をはかるという機能もあります。一人を叱ることで、叱られなかった人間に「ああはなりたくない」という緊張などを与える効果があったのですが、実は同様の効果は、褒めることでも得られます。特定の人間を褒めて、残りは放っておいても、差をつける機能においては同じなのです。

部下を怒鳴りつける上司は能力不足とみなされても仕方ないでしょう。ヘタをすれば部下にパワハラで訴えられて、組織に甚大な負担を与えかねません。

上司にとって大事なのは、自分の部署で引き受ける部下をよく吟味することです。「頼むよ、ちょっとこいつ、問題はあるけど預かってくれよ」と言われても固辞して、自分のチームは精鋭で固めるのが望ましい。部下は上司を選べませんが、上司はある程度は部下を選べます。「君は組織全体のことを考えていないのか」と迫られても、それは人事課なり事業本部なりが考えることであって、自分の部署で最大の成果を上げることを優先的に考えればいい、という正論をきちんと展開すべきです。叱って育てるより、より良い人材を集め、褒めて働かせる。それこそが中間管理職の仕事なのです。

プレゼンには二種類ある

プレゼンテーションには、パフォーマンスのためのプレゼンと、説得のためのものがあります。この二つの要素を、プレゼン対象や会議の性格などに合わせ、どの程度の割合でブレンドするかが成否の鍵を握っています。

パフォーマンスのためのプレゼンは、「私はこのテーマについて良く知っています」と示すのが目的です。相手に必ずしもきちんと理解させる必要はありません。聞き手としても、内容よりも、説明を受けたという手続きが重要なのです。動画や、説得力があるようにみえるパワーポイントを使い、ひととおり話を聞いた、というぼんやりした印象を与えれば、それでいい。そのためには引っかかりの少ない、流れるような構成に重点を置いて準備するべきでしょう。

一方、相手に自分の考えていることを理解させ、採用してもらうことを目的とするのが、説得のためのプレゼンです。この場合、対象となるのは意思決定に関与するレベルの人間です。このプレゼンでは、パワーポイントは使わないほうが有効です。基本的には言語をベースとして、パワーポイントを見たときと同じようなイメージが浮かぶまで練り上げるべきです。人は目で見ただけのものよりも、自分で頭のなかに作り上げたイメージのほうが、より強く印象に刻まれるからです。小説のような言語芸術や、講談や落語のような口演の芸能が強いのはそのためです。また文書も、箇条書き、体言止めのレジュメではなくて、きちんとした文章でA4判二枚ぐらいにまとめるのが望ましいでしょう。結局、それが受け手の頭に残す最良のやり方なのです。

人は単に与えられる情報よりも、自分から求めて手に入れた情報のほうが、記憶に定着します。だから、勉強会などでも、単に聞いているだけより、ノートを取らせるほうが学習効果が上がります。もっと若い人たちが対象ならば、ノートも取らせずに、内容を暗記させ、講義のあと、細部に至る質問を行なって答えさせる方法もあります。情報機関などでは、こうした記憶法なども徹底的に教えられるのです。

贈り物と接待は文化人類学に学べ

人と人の関係を形成する媒介として、贈り物や接待の効果は馬鹿になりません。そこで参考になるのは、フランスの文化人類学者マルセル・モース（一八七二～一九五〇年）の『贈与論』です。

そこでは贈り物は二種類に分けられます。一つは、「行って戻ってくる」という互酬性の原理に基づくものです。これは人間関係を強化する機能があります。人はものをもらうと、何か負い目を抱えたように感じます。それを解消するためには、同じくらい価値があるものを返さなくてはなりません。お返しを贈ることで、人間同士の対等性は維持されるわけです。

この心理を悪用した例としては、ある種の訪問販売があります。突然、家にやってきて、彼らが何をするかというと、まずボールペンやタッパーや洗剤をただで配るのです。この「ただで」というのがポイントです。お金を払ってしまえば、そこで関係は解消するのですが、ただでもらってしまうと、何か返さなくてはいけない気持ちが芽生えてきますから、彼らのセールストークを聞いてしまうのです。

それに対して、もうひとつは「一方的にやるだけ、一方的にいただくだけ」という贈与の原理に基づくものです。これは力関係を生じさせます。

先にもみたように、ものをもらうことは負い目の感情を喚起します。それにお返しをすることで交換が成立し、負債はなくなります。ところが、返せないようなものをもらったら、どうしたらいいのでしょうか。負い目は固定されてしまい、贈った側は贈られた側に対して、心理的優位を保ち続けるのです。

この原理を最もうまく使ったのがキリスト教でしょう。神はイエス・キリストという自分のひとり息子を人間に贈ります。イエスは何も悪いことはしていないのに、われわれの罪のために死んでいく。これは一方的な贈与です。贈られた側の人間には、この負債を返す術《すべ》はありません。そこにおいて変更不能な力関係が成立するのです。

もっと身近な例では、政治家が配る「氷代」「モチ代」です。これは派閥の長から一方的に配るので、返すことは許されません。返させないことで、力関係の確認を行なう贈与の儀式です。これは一見、お中元、お歳暮と似ていますが、実は正反対といっていいほど違う。お中元、お歳暮は贈り贈られることでフラットな関係を確認する交換の儀式なのです。

さらにいえば、戦時賠償の問題も、この贈与論で理解できます。第二次世界大戦の後、中国は、蔣介石も毛沢東も、日本には賠償を要求しませんでした。これはもちろん中国の善意などではありません。むしろ、その逆で、彼らは返せないほどの負債を日本に課したかったのです。なぜなら賠償を行なうことは、戦争で与えた被害をリセットすることだからです。ビルマでもインドネシアでも、賠償金を払った時点で和解が成立しました。日本はいわば負債を返すことで、またフラットな関係に戻るわけです。

しかし、中国は賠償を受け取らないことで、日本が心理的負債を抱え続けることを強制しているわけです。それはいくらODAを行なっても解消することなく、中国はいつでも自分の都合のいいときに歴史カードを切って、日本が返せない負債を抱えていると主張できるのです。本当は、日本は中国にお願いしてでも、賠償を払わなければいけなかった。そうしなかったために、力関係が生じてしまったのです。

実は接待の原理を理解するうえでも、モースの贈与論は有効です。モースはアメリカ北西部の先住民が行なうポトラッチという儀礼に注目しました。それは祝祭の場で、より多くの財を破壊することで、相手に対して優位に立つ、というものでした。一見するとせっかくの財産を壊してしまうことは不合理に思えますが、このポトラッチもまた贈与の原理に基づいて、力関係を築くための儀式だったことがわかったのです。

実は、帝政ロシア時代の貴族の間でも、このポトラッチを思わせる大宴会が行なわれていました。食事の後で皿を全部ひっくり返して割り、家具もぶっ壊して、ときによってはレストランに火をつけたりもする。つまり、無駄なことにお金を派手に使うことで、相手をいかに大切にしているかを示しているのです。

こうしたメンタリティは、現代のロシアにも残っています。私もモスクワでの外交官時代、有力なロシア人政治家を接待するときには、レストランのフロアを貸し切りにして、楽団を呼びました。そうした派手な浪費が喜ばれるのです。そうして飲んだグラスを床に叩きつけて割るぐらいのことはしました。

こうして考えると、浪費によって相手を圧倒するポトラッチの精神こそ接待の本質だといえます。だから、ファミリーレストランで千五百円のステーキランチを十回ご馳走するよりも、一流ホテルで一万五千円のランチを一回奢ったほうが圧倒的に印象に残ります。「あなたのためにこれだけ使っている」という印象を残すことが重要なのです。

たとえば東京のロシアンレストランで誰かを招待するときは、必ず、事前にキャビアを注文しておく。それで値段は倍になりますが、キャビアを出すぐらい大切にしているんですよとアピールすることになります。さりげなく然るべきお金を遣っていることを示すのがポイントなんですね。

負の感情をいかにコントロールするか

最後に、人間の感情の問題、ことに嫉妬や怒りといった負の感情を論じたいと思います。組織にはさまざまな感情が渦巻いています。それに流されてしまうと、思わぬ落とし穴にはまることになります。第三章で取り上げた『不毛地帯』でいえば、小出が警察の取調べに乗せられてしまったのは、壹岐に対する嫉妬や恨みといった負の感情がおさえられなかったからでした。

しかし、負の感情をコントロールするのは非常に難しい。なぜなら、感情は本来制御できないものだからです。対処法があるとすれば、耐性を強化するしかありませんが、そのためには二つの方法しかありません。一つは自ら経験を積む。これは壹岐のシベリア体験のように、苦難や屈辱を味わわなくてはなりませんから、あまり選びたくない道ではあります。

それに比べると、もうひとつの方法のほうが現実的です。それは代理経験を積んでいくことです。代理経験とは、すなわち、自分よりもひどい目に遭った人間から話を聞いたり、負の感情を爆発させた結果、どんな目にあったかを聞くことです。それから悲惨な体験を描いたノンフィクションや小説、映画などに接することも有効でしょう。

さらにはことばの使い方を磨くことです。負の感情の引き金となるのは、往々にして相手のことばです。すると、最終的には、いかに言葉を制御するかという問題になってくる。

欧米では学校で必ずレトリック、すなわち修辞学を学びます。これはことばの使い方を学ぶ学問です。たとえば、「お前、ウソつくな」と言ったら喧嘩になります。しかし、同じ内容でも、「お互い正直にやりましょう」と言えば、衝突は回避できる。

レトリックと並んで、ユーモアのセンスも大事です。特に重要なのは、アイロニー（皮肉）が理解できるかどうかでしょう。

たとえばイエス・キリストの有名なことばに「右の頰を打たれたら左の頰を出せ」があります。いまでは徹底的な寛容や無抵抗主義の象徴のように思われていますが、聖書に書かれた本来の意味とは違います。もともとは「よくも右の頰を叩いたな。それじゃ左の頰も叩いたらどうだ」という意味でした。つまり、右の頰を叩いたことへの抗議を、アイロニーを使って表現しているのです。こうしてアイロニーやユーモアを入れることで、怒りや抗議をシンプルに爆発させることなく、ことばに広がりや深さを持たせているのです。

負の感情のなかでも、嫉妬は厄介な問題です。

振り返ると、外務省での私の最大の失敗は、嫉妬の問題ときちんと向き合わなかったことでした。私はキャリア官僚でもないのに、クレムリンに自由に出入りして、東京に帰ってからは首相官邸にもしょっちゅう呼ばれ、東京大学で講義をさせてもらって、月に五十万円の機密費が支給されていました。破格の扱いを受けていたのですが、自分では優遇されているとも思っていませんでした。私が何をしたところで、外務省という組織ではキャリア官僚には到底及ばない。ただ仕事をしていればいいと考え、自分が嫉妬の対象になっているなどとは夢にも思わなかったのです。要するに、自分と周りが見えていなかった。

これは仕事に熱中している人間が陥りやすい罠です。

「出る杭は打たれる」といいますが、組織のなかで少しでも突出すると、嫉妬が生まれることは避けられません。それを処理するのが管理者である上司の仕事なのですが、ここで間違えやすいのは、嫉妬している側ではなく、嫉妬されている部下のほうをコントロールしようとするんですね。「我慢してくれ」とか「立ち居振る舞いに少しは気をつけて」と〝忠告〟するのですが、これにはまったく意味がありません。ストーカー事件で、ストーカーされているほうにいかに注意喚起をしたところで、ストーカー本人を放置していたら、解決するはずがありません。

このとき、上司は嫉妬している方の部下に声をかけなくてはなりません。それも「嫉妬するのはやめろ」と言っても逆効果です。「君のこういう部分を評価している」とか「総合的には君のほうが力がある」とかウソでもいいから、さんざん話して、嫉妬のエネルギーを別の方向に向かわせればよいのです。

特にエリート組織では、チームのモチベーションを高めていくために、嫉妬の解消は重要な問題となっています。前にも述べたように、彼らの多くはどこかで一番だったという記憶があります。すると、自分が二番手以下として扱われることに強い不満を持って、二番扱いされるならいっそ何もしない、となりかねません。では、どうしたらいいかといえば、それぞれが主観的に一番だと信じることができるような場所を作ることです。つまり、部下を「世界に一つだけの花」だと言い聞かせ、嫉妬のマネジメントを行なうことが、良い上司の重要な条件になっているわけです。

一方で近代的な組織のいいところは、優秀な個人はそれなりに評価されることです。軍隊で優秀なスナイパーを冷遇したり、企業で儲け頭を左遷したりしていたら、その組織は成り立ちません。その意味では、合理的なのです。

したがって合理的な実力主義と、メンバーのそれぞれを肯定し負の感情を抑制するシステムをバランスよく備えた組織が、これから生き残っていくでしょう。

あとがき

人間は組織から離れて生きていくことはできない。なぜなら、人間は群れを作る社会的動物だからである。

組織には二つの種類がある。

第一はコミュニティー（共同体）だ。血縁、地縁などで結びついた組織だ。家族、公立の小中学校、町内会などがこのような組織だ。このような組織には自然に組み込まれている。

第二はアソシエーション（結社）だ。共通の目的や利害、関心を持つ人々が自発的に形成する組織だ。会社、行政機関、高校、大学、私立、国立の小中学校などがこのような組織である。

本書で扱った組織は、後者のアソシエーション型の組織だ。コミュニティー型の組織論については、別途、本を書かなくてはならないと考えている。このあとがきで組織というのは、すべてアソシエーション型の組織と考えてほしい。

さらに本書は、組織論と文学を結びつけている。このアプローチは、私が宇野弘蔵（一八九七〜一九七七年）から学んだものだ。宇野は、傑出したマルクス経済学者であったが、共産主義者でも社会民主主義者でもなかった。理論と実践を区別した。具体的には、『資本論』からマルクスが共産主義革命を強く望むが故に、論理的整合性が崩れている箇所を修正し、資本主義の内在的論理をとらえる経済原論に純化することを試みた。宇野は、経済学の目的は、自分が置かれている社会的状況を客観的、実証的に知ることであるとした。宇野は小説が好きだった。フランス文学者で文藝批評家の河盛好蔵（一九〇二〜二〇〇〇年）に、なぜ小説を読むのかと尋ねられたとき、こんなやりとりをしている。

〈**河盛**　しかし、小説を読まずにはいられないというのはどういうことなんでしょうか。

宇野　どういうんでしょうね。これはむしろ河盛さんにききたいのですが。

河盛　いや、それを先生からお聞きするのが、今日の対談の目的なんです（笑）。

宇野　ぼくはこういう持論を持っているのです。少々我田引水になるが、社会科学としての経済学はインテリになる科学的方法、小説は直接われわれの心情を通してインテリにするものだというのです。自分はいまこういう所にいるんだということを知ること、それがインテリになるということだというわけです。経済学はわれわれの社会的位置を明らかにしてくれるといってよいでしょう。小説は自分の心理的な状態を明らかにしてくれるといってよいのではないでしょうか。読んでいて同感するということは、自分を見ることになるのではないでしょうか。

河盛　これはなかなかいいお話ですね。つまり小説によって人間の条件がわかるわけですね。

宇野　ええ、そうです。われわれの生活がどういう所でどういうふうになされているかということが感ぜられるような気がするのです。小説を読まないでいると、なにかそういう感じと離れてしまう。日常生活に没頭していられる人であれば、何とも感じないでいられるかもしれないが、われわれはそうはゆかない。自分の居場所が気になるわけです。

河盛　なるほど、たしかにそうですね。同時に自分の居場所がしょっちゅう気になる人間と、そういうことを問題にしない人がいるわけですね。政治家とか実業家とかいう連中は、問題にするとぐあいのわるいことができてくるんでしょう。つまりわれわれと無縁な人たちなんですね。

宇野　いまの実業家にも、政治家にも、そういう人がだんだんと多くなっているのだと思いますが、われわれのように学問を職業にしていると、いつもそういうことを感じないではいられないのです。

河盛　それはたしかにそうですね。こういうことはいえませんか。実業家や政治家は絶えず実社会に接触しているという自信があるわけですね。それで小説なんかバカらしいものだと思っているんですが、ほんとうは彼ら自身の世界のなかにしかいないので、むしろ小説を読んだ方が自分たちの居場所がよくわかっていいのです。自分たちが宙に浮いていることがよくわかるのです。すぐれた小説を読まないために彼らにはいい政治ができないのではないですかね〉（宇野弘蔵『資本論に学ぶ』ちくま学芸文庫）

『資本論に学ぶ』の原本は、東京大学出版会から一九七五年に上梓された。講演と対談を収録しているので、難解な宇野理論の入門書として最適の本だが、河盛との対談について注目する経済学者や哲学者はほとんどいなかった。

私がこの本を読んだのは、同志社大学神学部二回生（一九八〇年）の春だった。熊野神社（丸太町東大路）東入ルにあったサイフォンでおいしいコーヒーを淹れる喫茶店「グッドマン・ハギタ」のカウンターに座って、「社会科学としての経済学はインテリになる科学的方法、小説は直接われわれの心情を通してインテリにするものだというのです。自分はいまこういう所にいるんだということを知ること、それがインテリになるということだというわけです。経済学はわれわれの社会的位置を明らかにしてくれるといってよいでしょう。小説は自分の心理的な状態を明らかにしてくれるといってよいのではないでしょうか」という文章を読んだときに魂が震えた。

ただし、当時、私は小説を読むことを禁欲していた。指導教授の緒方純雄先生（組織神学者）から、「キリスト教の教理は、同時代の哲学をいわば衣として用います。佐藤君が本格的に組織神学を研究したいと思っているならば、神学書だけでなく、哲学書も系統的に読む必要があります。特に哲学史を重視してください」という指導を受けたからだ。私は下宿のテレビを捨て、小説は十数冊を除いて、友人に配った。そして、神学と哲学に集中して学ぶことができる環境を整えた。

私が再び小説を読むようになったのは、大学院を出て、外務省に入った後だ。イギリス人、ロシア人、チェコ人、ユダヤ人などを理解する上で、小説を通じて、これらの人たちの心理を追体験することができるからだ。このことは私がロシア専門家になる上で、とても有益だった。

この経験を、二〇一八年十月と十一月に文藝春秋夜間授業を担当することになったときに、受講生と共有したいと思った。「組織で生き残るためにどうすればよいか」という問題意識に従って行われた講義に基づいてできたのが本書である。
組織に関して、私は同志社大学神学部と外務省から強い影響を受けた。私の経験を具体的に知りたいと思う読者は、以下の作品を手にとってほしい。
神学部時代の経験については、『私のマルクス』（文春文庫）、『同志社大学神学部』（光文社新書）だ。外務省での経験については、『交渉術』（文春文庫）、『国家の罠』『自壊する帝国』（共に新潮文庫）、『友情について』（講談社）だ。

本書を上梓するにあたっては文春新書編集長の前島篤志氏、石井謙一郎氏にたいへんお世話になりました。ありがとうございます。また、文藝春秋夜間授業を担当してくださった阿部雄輔氏にも感謝します。

二〇一九年六月二十日、曙橋（東京都新宿区）の書庫にて

佐藤優

佐藤　優（さとう　まさる）

1960年東京都生まれ。作家。同志社大学大学院神学研究科修了。元外務省主任分析官。著書に『国家の罠』『自壊する帝国』『私のマルクス』『交渉術』『人間の叡智』『世界史の極意』『サバイバル宗教論』『宗教改革の物語』など多数。

文春新書

1223

サバイバル組織術《そしきじゅつ》

2019年7月20日　第1刷発行

著　者　佐藤　優
発行者　飯窪成幸
発行所　株式会社　文藝春秋

〒102-8008　東京都千代田区紀尾井町3-23
電話（03）3265-1211（代表）

印刷所　理想社
付物印刷　大日本印刷
製本所　大口製本

定価はカバーに表示してあります。
万一、落丁・乱丁の場合は小社製作部宛お送り下さい。
送料小社負担でお取替え致します。

ISBN978-4-16-661223-9